上司・同僚のウエディングスピーチ

すぐに使える！
文例集51

上司・同僚のウエディングスピーチ もくじ

〝スピーチは3分間のドラマ〟であるといわれます。この「ドラマ」は、本来、話し手がそのときの状況や聞く人などを考えて、自分が話したいと思う内容や話さなければならない事柄を、自分の言葉で話すものです。そしてそれは、言葉だけではなく、自然と立ち居振る舞いや顔つきに表れる結婚を祝う気持ちをも含んでいます。

3分間というと長く感じるかもしれません。もしくは、思いつくままにエピソードを語るには短い時間かもしれません。しかし、主となるエピソードやネタをきちんと見つけ、話の構成を作ることができれば、それほど難しいものではありません。

この本に収められている文例の、必要だと思われる部分をご自身でアレンジすれば、簡単に、ステキなスピーチがまとまります。そこにあなた自身の祝福の気持ちを添えれば、きっと心に残るスピーチになることでしょう。

おめでたい席で、心に残るスピーチとなることを願っています。

つちや書店編集部

PART

1

魅力ある
スピーチにするために

スピーチを頼まれたときの心構えや原稿の作り方、当日の迎え方とは？　自分らしい、魅力あるスピーチにするためのコツをご紹介します。

◆スピーチを頼まれたら◆

よいスピーチのための7つのポイント

結婚は人生の大きな節目であり、もっとも慶《けい》賀《が》すべきお祝いごとといえます。その披露宴の場で欠かすことができないのがスピーチです。

たとえ雄弁でなくても、ほんとうにまごころのこもったことばであるなら、それは必ず相手の胸を打つものとなるでしょう。

「おめでたい」「喜ばしい」「いつまでもお幸せに」という、結婚する二人を祝福する気持ちを込めることはもちろんのこと、やはり失礼のないよう、次の7つのポイントに注意してスピーチに望みましょう。

①短く、簡潔に

披露宴の進行に支障をきたすことが出ないよう配慮しましょう。

②来賓、上司、同僚などは、前の人とは違うことを話す

③ユーモアを交えて、場をくつろがせるように

④上品で、わかりやすく

⑤新郎新婦の人柄を傷つけない

⑥土地のしきたりに気を配る

しきたりがわからなかったとしても、失礼のないように対応すれば問題ありませんが、知っておくと安心です。

⑦忌みことばを避ける

原稿チェックは必須ですが、スピーチの中で思わず使ってしまった程度であれば、それほど気に病む必要はないでしょう。

◆ Point 1　**短く、簡潔に。**（基本3分以内）

上司や友人などのスピーチは、基本3分以内に終わらせるようにします。3分間のスピーチ原稿なら、400字詰原稿用紙2.5枚から3枚を目安にまとめましょう。

◆ Point 2　**来賓、上司、同僚などは、前の人とは違うことを話す。**

エピソードなどは別パターンも準備できればなおよいですが、前の人と重なってしまった場合は、「○○様もおっしゃっていたとおり…」とひとこと添えたり、言い回しを変えるなどしましょう。

◆ Point 3　**ユーモアをまじえて、場をくつろがせるように。**

披露宴の雰囲気を盛り上げるためのものであることを忘れずに。

◆ Point 4　**上品で、わかりやすく。**

披露宴の場で品のない話はNGです。さまざまな列席者にわかりやすく話しましょう。

◆ Point 5　**新郎、新婦の人柄を傷つけない。**

話さなくてよい暴露話や新郎新婦を傷つける話はやめましょう。

◆ Point 6　**土地のしきたりに気を配る。**

しきたりがある場合には、それに従いましょう。

◆ Point 7　**忌みことば**（p13参照）**を避ける。**

離婚・再婚を連想させることば、慶事にふさわしくない不吉なことばは避けたほうがよいでしょう。

◆スピーチを頼まれたら◆

立場を理解して誰にでもわかる話を

スピーチをするときには、その会や参加者の性質に適した内容にし、雰囲気を自然と盛り上げるものでなければなりません。そのためには、スピーチを頼まれた理由や立場をよく理解することが大切です。

ひと口に披露宴のスピーチといっても、媒酌人、主賓、上司、友人、親族、両家代表など、その立場はさまざまです。新郎新婦がどんな話を期待して自分にスピーチを依頼したのかをよく考えて内容を決めましょう。自分のほかにどんな人がスピーチをするのかを確認し、内容が重複しないようにすることも必要です。

媒酌人のあいさつや両家代表の謝辞などには、ある程度パターンがありますが、上司や同僚、友人などの祝辞の場合は決まった形式はありません。儀礼的な型にはまったスピーチよりも、その人の持ち味がにじみ出るような話し方のほうが、強くてよい印象を与えるものです。

また、スピーチとは一方的に話すことではなく、聞き手が黙っているだけで、対話と心得ましょう。披露宴の出席者には、老若男女いろいろな人がおり、考え方も千差万別。何に関心を持ち、何を考えているのか、できるだけ推察しながらすべての人にわかる話を心がけましょう。

難しい言い回しを多用したり、外国語や略語、専門用語などを使ったりすることはできるだけ避け、聞き手に正しく伝わるように配慮することも大切です。

♦スピーチを頼まれたら♦
美辞麗句よりも大切なのは気持ち

どのような美辞麗句《びじれいく》も、それを受ける人への愛情がなかったら、まったく無意味なものになります。逆に、紋切《もんき》り型の常套《じょうとう》語や美辞麗句を並べることで、話す人の真情をおおいかくしてしまうといっても過言ではないでしょう。

披露宴のスピーチには決まった形式や言い回しがあるはずだと考え、それにしたがわなければいけないと思いこんでしまうと、個性のない堅いスピーチとなってしまいます。それに、そのような原稿では、緊張してしまってうまく話すことができないでしょう。

新郎新婦の幸せに思いを集中し、ひたすらに自分の心のうちを率直に述べればよいのです。大切なのは真情であり、新郎新婦を祝福する気持ちがまじめな表現のものであれば、少しくらいことばが足りなくても、それはよいスピーチと言えるでしょう。

特に若い世代の人の場合、「頭脳明晰《ずのうめいせき》」や「容姿端麗《ようしたんれい》」などといった古めかしいことばを使うより、さりげないことばでほめて、等身大のリアルな新郎新婦像を浮き上がらせるほうが、共感を呼んで場がなごみますし、喜ばれます。これまでの付き合いの中における、新郎新婦の人柄をよく表したエピソードを選択し、そこから話を広げていってはどうでしょうか。

まごころ込めて、精一杯のお祝いのことばを述べることで、自分らしいスピーチになるよう心がけましょう。

◆原稿を作ろう◆

エピソードを入れて新郎新婦の人柄を語る

新郎新婦にまつわるエピソードを披露して、その横顔を紹介することも、スピーチを依頼された人の大切な役割となります。

心をつかむスピーチをするには、具体的なエピソードを通して、新郎新婦の人柄を語ることです。ことばだけで「やさしい人」というのではなく、こんなことがあった、こんな姿を見かけたなど、エピソードから聞き手に新郎新婦がやさしい人であることを感じてもらうのです。

上司や同僚であれば、新郎新婦の職場での仕事ぶりやふと見せたプライベートでの顔、友人であれば学生時代のエピソードや長い付き合いの中での素顔などを話すとよいでしょう。

エピソードの内容は、美談でも失敗談でもかまいませんが、失敗談の場合は、新郎新婦をおとしめることにならないように注意しなければなりません。エピソードを選ぶコツは、美談はなるべく新しい話題を選び、失敗談は時間が経ったものを選ぶということです。せっかく美談を紹介しても、それが幼稚園や小学校時代の話では印象が薄くなりますし、あまりに新しい失敗談は生々しく感じられてしまいます。

すでに結婚している人であれば、結婚生活の先輩としてのアドバイスをするのもよいでしょう。この場合は、必ず自分の具体的な失敗談や苦労話を盛り込み、自分なりの感想を述べるようにします。その中で自然にユーモアがにじみ出れば、そのスピーチは成功といえます。

◆原稿を作ろう◆

起承転結を意識してメリハリのある展開に

人間の真情は、深ければ深いほど人には伝えにくいものです。いくら思う通りに自由に話せばよいといっても、ある程度の目安がなければなかなかできるものではありません。

スピーチを上手に展開させるコツは、まずテーマ、そしてエピソードを選ぶことです。もちろんエピソードが決まればおのずとテーマも決定するので、逆でもよいのです。難しく考える必要はありません。

ただし、思いついた順に漠然と話したのでは、聞く人もあきてしまうでしょうし、途中で脱線し、混乱することもあります。構成を考えるときには、起承転結を意識しましょう。

たとえば、「起」で自己紹介、「承」であらかじめ選んでおいたエピソードを話し、「転」ではそのエピソードについての感想や考えを述べ、「結」で祝福のことばを述べてまとめる――といった具合です。ポイントになる山場「転」の部分へ向けて話を進めていけば、メリハリのあるスピーチになります。

こうして、おおまかにスピーチの流れを決めておけば、あとは自由にふくらませることができます。

また、自分と新郎新婦との関係について、すでに司会者から紹介されている場合は、必ずしも自己紹介を入れなければならないことはありません。さらりと触れる程度で、本題へと入ってもいいかもしれません。

◆原稿を作ろう◆

スピーチの要領は3S1W

結婚披露宴にかぎらず、一般的にスピーチは短ければ短いほどよいといわれます。披露宴のスピーチは媒酌人を除き、通常は3分間が目安になっていて、それを超えると聞く人に長いという印象を与えてしまうようです。

たとえ聞き手を引きつけてやまない技量の持ち主であっても、長すぎる話は嫌われます。特に披露宴は、会場の都合で全体の時間が限られていることがほとんど。長々とスピーチをしては、式の進行を狂わせてしまいます。スピーチに臨む際には、あらかじめ自分に与えられた持ち時間を確認して超えないようにしましょう。

スピーチの要領は、「3S1W」につきるといえるでしょう。3Sは、「ショート（短く）」「ソルト（話に塩味をきかせる）」「センス（その場の空気を読む）」であり、1Wとは「ウィット（機知に富んだ内容）」です。

- ◆ **S**hort　短く
- ◆ **S**alt　塩味をきかせる
- ◆ **S**ense　空気を読む
- ◆ **W**it　機知に富んだ

◆原稿を作ろう◆

披露宴で避けるべき忌みことば

披露宴の席上では、次のようなことばは「忌みことば」とされています。スピーチなどでは、使うことを避けたほうがよいでしょう。

最近では、忌みことばであってもあまり神経質にならず、スピーチの中でごく自然に使われるケースもあるようです。しかし、何度も繰り返し使ったり、直接死や別れに関することばを口にしたりするのはやめましょう。

忌みことばを使わないようにすることばかりに気を使うよりも、相手への祝福の思いを込めることを一番に考えたスピーチならば、たとえ忌みことばを使ってしまっても、非難されることはまずないでしょう。

【離婚を連想させることば】

出る、戻る、返す、去る、帰る、嫌う、離れる、割れる、破れる、だめになる、冷える、こわれる、あきる、捨てる、浅い、重ねる、離婚する、切る、傷つける、別れる、終わる、など。

【再婚を連想させることば】

いよいよ、重ね重ね、またまた、たびたび、かえすがえす、くれぐれ、再び、しばしば、重々、重ねて、など。

【慶事にふさわしくない不吉なことば】

失う、落ちる、枯れる、朽ちる、くずれる、倒れる、つぶれる、死、など。

◆原稿を作ろう◆

スピーチに織り込める金言・名言

金言・名言は、基本的にはスピーチのスパイスとして使います。話すエピソードに合ったものを選び、聞き手にわかりやすく説明することが必要です。うまく使えば、スピーチ全体を引き締めてくれるでしょう。また、いきなり本題に入るのは難しいものです。そんなときに使える、前置きのあいさつをご紹介します。

【恋愛、結婚に関する金言・名言】

●恋愛は、人生の花であります。いかに退屈であろうとも、このほかに花はない。（坂口安吾）

●結婚して幸福になるには、汗の苦労を絶えず分かち合わなければならない。（ナポレオン）

●恋は治療し得ない病である。（トライデン）

●愛情には一つの法則しかない。それは愛する人を幸福にすることである。（スタンダール）

●夫婦愛というものは、お互いがすっかり鼻につくようになってから、やっとわきだしてくるもの。（ワイルド）

●他人の好みにかなう妻ではなく、自分の好みにかなう妻を求めよ。（ルソー）

●夫婦愛はしわの中に住む。（ストバイオス）

●結婚生活。この激しい海原を乗り越えて行く羅針盤はまだ発見されていない。（イプセン）

●結婚生活は多くの苦痛を伴うが、独身生活は喜びを持たない。（ジョンソン）

●愛する者と暮らすには一つのコツがいる。それは相手の欠点を直そうとしてはいけないこと

だ。（シャルドンヌ）

●恋は無学の人間に文学を教える。
（エウリピデス）

●夫婦生活とは長い会話である。（ニーチェ）

●結婚はすべての文化の始まりであり、頂上である。（ゲーテ）

●よい結婚というものがきわめて少ないということは、それがいかに貴重で偉大なものであるかという証拠である。（モンテーニュ）

●愛する、それは互いに見つめ合うことではなく、一緒に同じ方向を見つめることである。
（サン・テグジュペリ）

【前置きに使えるあいさつ】

●1月のことを古来、睦月といいます。この由来について古い書物には「1月は、知っている者同士が互いに行き交い親しむ睦月である。つまり、親しみ睦ぶることから転じて睦月になった」と説明しています。要するに1月は仲良くする月ということになります。しかし、これは1月に限ったことではございません。お二人はずっと仲良くいっていただきたいものです。（1月に行われる披露宴に）

●いったい、幸せな家庭とはどんなものなのでしょうか。本当の幸せとはどこに存在するのでしょう。「ある人間が必要とするものを求めて、世界中を旅してまわり、家に帰ってきたら何とそこにある」と、自然主義の代表的作家の一人であるアイルランドのジョージ・ムーアは言っています。

●江戸幕府の初代将軍・徳川家康は「人の一生は重荷を負《お》うて遠き道を行くが如《ごと》し。急ぐべからず」と言っております。

◆原稿を作ろう◆

スピーチのタブーをおさえておこう

披露宴のスピーチには、いくつかの避けるべきタブーがあります。スピーチに臨む際には、再度確認をしておきましょう。

①長すぎるあいさつ

新郎新婦の紹介などがある媒酌人は5分から長くても7分、上司や友人などそのほかのスピーチは3分以内に終わらせるようにします。

②紋切《もんき》り型の美辞麗句《びじれいく》や難解なことば

祝辞には形式や慣用語があるはずだと考え、難解なことばや紋切り型の美辞麗句、常套語《じょうとう》を使う人がいますが、それを受ける人への愛情がなければ無意味です。大切なのはまごころです。

③金言や名言、ことわざなどの誤った引用

ことわざや偉人の名言などをスピーチに織り込むと話の幅が広がりますが、間違った使い方はNGです。きちんと意味を調べてから使うようにしましょう。

【ありがちな例】

「一姫二太郎」を、女1人、男2人と誤った解釈をしている人がいます。正しい解釈は、子を育てたことのない親にとって、最初に産む子は女児のほうが育てやすく楽なので一姫、次には跡継ぎの男児がいなければならないので二太郎。上に女児がいると、下の子の面倒や家の手伝いもしてくれるため、この順のほうがよいという意味。それを「一姫二太郎より、現代は一姫一太郎の家族が多く……」などと言うのは間違いです。

④新郎新婦の過去の男女関係

新郎新婦の過去の男女関係は、話してはいけません。ほかの話題でも、新郎新婦を傷つけるような話はやめましょう。

⑤新郎新婦に関係のない話題

家柄、血筋、親兄弟の社会的地位、勤務先の説明などは、媒酌人が簡単に触れることはあっても、祝辞の中で話す必要はありません。無駄を省き、話を要領よくまとめましょう。

⑥隠語、略語、流行語

披露宴には、新郎新婦の親族のほか、年齢や性別、職業の異なるさまざまな人が出席します。一般社会に通用しない隠語や略語、流行語などは、話がわかりにくくなるのでやめましょう。

⑥忌みことば

忌みことばは避けましょう（P13参照）。どうしても使う必要がある場合は、「本来このような席ではいけないことばとなっているのですが……」などと断りを入れるか、別のことばに言い換え、最後はめでたく話を結びます。

⑦知ったかぶりの話し方

他人のスピーチや本などの例を、そのまま用いる借りもののスピーチはやめましょう。自分のことばで語ることが大切です。スピーチ文例集を参考に、できるだけオリジナルのエピソードを入れてアレンジすると個性が出ます。

◆当日の迎え方◆

スピーチの練習と姿勢、表情、話し方

あいさつやスピーチは、その場で考えをまとめて話せばいいように思われがちですが、けっしてそんなに簡単なものではありません。突然指名された場合は別として、前もってスピーチを依頼されている場合や、指名されそうな場合は、あらかじめ原稿にまとめておきましょう。

一般的に、普通にすらすらと話をする場合、１分間に話す文字量は３００字から４００字程度です。つまり、３分間のスピーチの原稿なら４００字詰め原稿用紙に２枚半から３枚を目安にまとめます。草稿が出来上がったら、必ず実際に声に出して読んでみましょう。

スピーチをするときの姿勢は、背すじを伸ばし、肩の力を抜き、腕は自然におろすか前でそろえます。足は、男性なら少し開き、女性の場合はまっすぐにそろえて立ちます。ジェスチャーをつける場合も、あまりオーバーな動きにならないように気をつけたいものです。

表情は笑顔で。しかし、大勢の人の前に立つと、あがってしまうものです。そんなときは深呼吸をして、会場全体をゆっくり見渡し、落ち着きを取り戻します。

余裕があれば、初めのひとことでマイクの調子を確かめ、声の強弱を調整するとよいでしょう。目安としては、マイクから15センチから20センチ程度離れて話すようにします。

繰り返し練習することで、当日は自信を持って臨むことができるはずです。

PART

2

上司のスピーチ

ある程度一定のパターンにそって話す必要がある晩酌人や両家代表、親族代表などとは違い、一般の来賓にはパターンがなく、比較的自由に話すことができます。新郎新婦から自分はどのような立場で話すことを望まれているかを理解し、ていねいに話すことを心がけましょう。

上司のスピーチ
クールで熱い上司の巻
うっうっ
はじめての上司としてのスピーチ…
さすがに緊張するなぁ…
ビシッときめないと……
部長スピーチなさるんですよね
お？おう
わぁ期待してます～
どんなスピーチか楽しみです
バッチリ動画撮っておきますので！
プレッシャー
これは失敗するわけには……
リラックスリラックス
ぐびぐびぐびぐび
次に新婦の勤め先の上司でございます——
パチパチ
スクッ
パチパチ
ヨレッ
ゴンッ

ただいま
ご紹介に
あずかり
ました――
新婦の
花子さんは
大変
きめ細かい
心配りができ、
皆に慕われて
おります
結婚して
子どもが
できても
きっと
彼女なら
……
…
そうなっても
辞める
なんて
言わない
で～
うぐ
うっ
うぐ
うっ
うぐ
うぐ
部長ー
あの
いつも
クールな
部長が…
上司の方に
あそこまで
言って
もらえるなんて
さぞかし
いい子
なのねぇ
じーん
うん
うん
ありがとう
ございます

公私に渡って努力家である一面を語る

家庭をあたたかい憩いの場に

本日は、松井家と宮本家のご婚儀、誠におめでとうございます。ご両人のお喜びはもとよりのことと存じますが、ご両家のお喜びも、これに勝るものはないと存じまして、心からお祝いを申し上げます。

つかみ

新郎の涼太君は、当社の設計課に勤めておりますが、誠に温厚篤実《おんこうとくじつ》な青年でありまして、このほど土木設計技士という資格もお取りになりました。土木設計技士と申しますのは、一定の知識、技術力、経験がないと取得できない資格検定試験でございます。その資格を取った涼太君は、将来を期待できる好青年でございます。

趣味も広く、スポーツでは、グライダー、バレーボール、スノーボード、水泳と幅広くたしなまれ、特にバレーボールは公認審判員として、都内で開催される大会で活躍されております。

彼が入社した頃に、私の同級生である新郎の中学時代の先生と食事をする機会がありました。お聞きした話では、成績は素晴らしく、意欲的で、しかも行動は正義感が強く、礼儀も正しく、級友の信望も厚かったとのこと。その後、進学校としては県下では一、二を争うK高校に進み、T大学を卒業されたということも、もっともであるとうなずけるものがございます。

新郎が中学校に在学していた当時の文集を、その先生に見せていただいた中には、「ほんとうの価値ある中学生とは、スポーツマンのような純粋な心を持ち、良心的

展開

POINT

上司としての視点から、日頃のがんばりや将来の飛躍への期待などを述べるとよいでしょう。会社や製品の宣伝めいた内容はNG。

に行動する生徒だと思う。そのような中学生は、自分の行動の結果として、人に左右されない信念を持っている」という書き出しで始まり、「純粋で良心的な人間になりたい」と結んでいる作文がございました。新郎を見ておりますと、15歳のことばのままに今も生きているという感が深いのでございます。また、新郎は中学卒業に際しまして、在校生に贈ることばとして「ローマは一日にして成らず」と書き残していました。彼が努力家であったからこそ、このことばを愛したのだと存じます。

新郎が15歳のときに愛し、後輩たちに残したことばを、今日《きょう》、あらためて新郎新婦に贈り、今後お二人で、このことばを愛していただき、そして素晴らしいご家庭を築いてくださるよう、お願いいたします。

結び

最後にひとこと、お二人に望んでおきたいことを申し添えさせていただきます。男性にとって仕事は大切な生命。土木設計技士、バレーボール公認審判員という二つの資格を生かして、どちらも真剣に取り組んでいただきたい。

そして、新郎が職場でも、バレーボール大会でも生きがいを見出せるよう、新婦には豊かな愛情と深い理解をもって、あたたかい憩いの場を新郎のためにいつも用意くださるよう、お願いを申し上げまして、お祝いのことばに代えさせていただきたいと存じます。

本日は誠におめでとうございました。

人間性を強調し、その仕事ぶりを添える

丁寧で的確な仕事ぶり

つかみ

戸塚君、おめでとう。ご両親も戸塚君の今日《きょう》の晴れ姿をご覧になって、さぞかしお喜びのことと思います。

ところで、ご年長の方が多数いらっしゃるところを、新郎の戸塚君と同じ職場で働いているということで、ご指名にあずかりましたので、ひとことお喜びのごあいさつを申し述べさせていただきます。

展開

新郎の戸塚君が当社に入社しましたのは5年前で、すぐに企画課に配属され、以来、ずっと私と一緒に仕事をして参ったわけでございます。

ちょっと見には、ぶっきらぼうで愛想のない男のように見受けられますが、付き合ってみると、これが実にいい男でございます。ぶっきらぼうなのは照れ屋のせいでして、仕事を任せれば、丁寧かつ的確に処理してくれます。私が一番感心しておりますのは、今までに仕事を頼んでイヤな顔をされたことが一度もないという面です。

退社時間間際に面倒な書類を頼んだことも何度かありましたが、彼はつねに快く引き受けてくれまして、責任感のある頼もしい部下でございます。

特に最近は、新婦の美紀さんとのデートもあったのではないかと思われるような日に、仕事のためデートをすっぽかしたことも一度や二度ではなかったかもしれません。その責任は、すべて私にありますので、美紀さん、どうか戸塚君を許してやっ

POINT

職場をともにするからこそ紹介できるエピソードを入れます。上司としての視点から、日頃のがんばりを語るとよいでしょう。

てください。

聞くところによりますと、お二人の交際はテニスを通じて始まったとのこと。実は私もテニスを通して妻と結婚しました。夫婦が趣味を同じくすることほど、家庭円満の秘訣はないと思います。

どうぞいつまでも、50になっても60になってもテニスを楽しめる、心身ともに若い夫婦であってください。

結婚されてからは、恋愛時代とはまた違った面をお互いに発見して、よりいっそう新鮮に思えたり、またがっかりしたりすることもあるでしょう。しかし、夫婦というものは、甘い新婚時代を過ぎてからは、同じ目的をめざす同志というか、戦友と思って暮らすのが、一番うまくいくのではないかというのが、私のこのごろの感慨でございます。

テニスを通して結ばれたお二人のことですから、スポーツに限らず、ものの考え方や価値観も一致しておられることと存じますが、男は外に出たら七人の敵があると申します。その敵には、良友もあれば悪友もあります。付き合いのために帰りが遅くなることもありましょう。しかし、それをそのたびにとがめだてをしては、戸塚君は成長しません。新婦の美紀さんもその点は心得て、あたたかく迎い入れてあげてほしいと願い、あいさつとかえさせていただきます。

結び

上司として、親としての視点から

期待に応えるようさらに精進を！

つかみ

ご指名がございましたので、ご来臨の諸先輩をさしおきまして、はなはだ恐縮ではございますが、ひとことお祝いを述べさせていただきます。

高橋君、ご結婚おめでとうございます。こうしてお二人が並んでいらっしゃるところを拝見しましても、誠にお似合いのご夫婦であり、よいご家庭を築かれてお幸せな生活を末永く続けられるであろうことは、目に見えるようでございます。

展開

結婚というものは、人生の花、なごやかでめでたいものでございますが、しかし人生というものは、往々にしてイバラの道、あるいは荒波を泳ぐようなものでありまして、けっして平坦《へいたん》な道ではないことも、よく肝《きも》に銘じて、これからは夫婦が力を合わせて、晴れの日、雨の日、嵐の日を無事に乗り切っていただくと同時に、職場においてもがんばってほしいと念願するしだいであります。

高橋君は、Y大学商学部を優秀な成績で卒業され、当社に入社以来6年、先ほど媒酌人からもご紹介があったように、将来のホープとして嘱望されている前途有望な青年であります。

その優秀な頭脳は、次々と斬新な企画や事務の合理化などを生みだし、当社の発展に大きく貢献しており、同僚たちからもリーダーとして慕われていることは、上司の私もよく承知しています。

仕事ばかりではなく、学生時代からスポーツマンとしても知られ、アーチェリーの公認審判員、ヨットの公認指導員資格を持っていますし、趣味は読書と音楽鑑賞と聞いております。誠に文武両道と申しますか、非の打ちどころのない人柄は、社内でも人気ナンバーワンにランクされるほどの青年。このような部下を持っている私も少々鼻を高くしています。

これからも、こうした期待を裏切ることなく、精進してほしいと思います。

また、高橋君を手塩にかけて、このように立派にお育てになったご両親。結婚して巣立ちゆくわが子を見送るお気持ち、私も子を持つ親の一人としてお察し申し上げます。

しかし、一時は親のもとからは離れたように見えても、近いうちにお孫さんを連れて、ご両親のもとへ頻繁に顔を出してくれるようになることでしょう。本日ここに結ばれた立派な新夫婦を拝見いたしておれば、そのことが達成されることは必至であります。

POINT

新郎が嘱望されている点をあげるとともに、子を持つ親の一人としての気持ちを述べ、両親の心情に寄り添うのも一手です。

結び

最後に、本日初めてお目にかかった新婦には、はなはだ恐縮ではありますが、今後も大変多忙な勤務が続くと思います。自然主義の代表的作家の一人であるアイルランドのジョージ・ムーアは「ある人間が必要とするものを求めて世界中を旅してまわり、家へ帰ってきたら、何とそこにある」と述べています。

必要なものはすべて家にある。ぜひ、幸せなご家庭をお作りください。

職場で見せる素顔や仕事ぶりの変化を

新郎の急成長は新婦のおかげ

つかみ

花田君、由依さん、本日はご結婚おめでとう。

先輩の一人として、また、上役の一人として、お祝いのことばを述べさせていただきます。花田君がわが社に入社してきたのは、まだほんの昨日のような気がするのに、もう、こんなにきれいなお嫁さんをもらって、そんなところにかしこまって座っているのを見ると、時間の経つことの早さを思い知らされます。

展開

入社当時はそれこそ紅顔の美青年で、もっとも今でも美青年であることに変わりはありませんが、学生時代には山岳部にいたとのことで、日本各地の山を、部員たちと協力して登ったという山岳野郎なのです。

山岳旅行のことを語るときの彼は、目がキラキラ輝いて、そのすばらしさを何とかして人に伝えたいという情熱があふれており、最近はひやかし半分に聞いていた私も、しだいに身を乗り出して、真剣に聞き入ったものでした。

「山岳は無謀とは違います。十分な準備と、鍛えられた体力さえあれば、誰にでもできることです」というのが、彼の持論でありまして、人間の手で開発されていない自然がいかに素晴らしいものかを一生懸命に語るロマンチストなのであります。

そのロマンチストの花田君を、この5年間、職場の上司として眺めてきましたが、彼は向上心が強いがんばり屋さんで、一人で二役も三役もこなし、いつからか、職場にとってなくてはならない人物に成長し、今や先輩に追いつき、追い越すほどで

POINT

上司としては、部下の急成長ぶりは「新婦の目に見えない励ましの力」とたたえることが、二人にとっての最良となるでしょう。

ございます。

この急成長ぶりの原因が何か、私には思いつかなかったのですが、本日、この宴席に出席いたしまして、初めて由依さんを拝見し、この女性の目に見えない影響力が、現在の花田君の急成長の原因ではないかと思ったしだいでございます。

花田君も、今日《きょう》私が感じたような予感を由依さんに感じ、ロマンチックな口説き文句を並べたのではないでしょうか。それに対する由依さんの返事が本日の華燭《かしょく》の典《てん》。花田君にとっても先輩、上司である私にとっても、誠に喜ばしいことだと思っております。

60億人を超える人類の中から、ある予感を感じて一つのカップルが生まれるということは、まさに〝神秘〟であります。それゆえ、この神秘さを、いつまでも大事にしていくべき責任があります。

結び

よき伴侶のことを英語でベター・ハーフというそうですが、本日、多くの人々から祝福されたご両人は、ベターよりもベスト・ハーフであるべきであります。双方の深い愛情と信頼で結ばれたご両人にとって、このことは十分に可能でありましょう。健康に留意し、職場を通して会社に役立つ人物になってほしいと念願いたします。まとまりのない話で恐縮ですが、これを持ちまして、お祝いのことばとさせていただきます。

新郎の将来と二人の未来にエールを送る

信頼のおけるニューリーダー

ご同席の皆様のうちで、一番頭が光っているので、ご指名を受けたのであろうと思います。ご指名を受けて立ちあがりましたからには、ひとことお祝いを述べなければ着席できませんので、ごあいさつさせていただきます。

山田君、このたびはご結婚おめでとう。ご両親も、花の香りがただようこの会場で、このような盛大な披露宴を催《もよお》すことができて、さぞかしお喜びのことと拝察いたします。

結婚、それは人生の新しい門出です。当事者にとっては一生の大事業であり、人一生の三大儀式のうち、自分で準備できる唯一のものでございます。同時に、ご両人の結婚生活の開始を社会に宣言し、認めてもらうための儀式が結婚式であろうと存じます。

つかみ

新郎の山田君と新婦の春菜さんのお二人は、この会場で華燭《かしょく》の典《てん》をおあげになり、披露され、多くの方々に祝福されながら、本日からはご両親という名の港を出港されるわけでございますが、人生という航海には、おだやかな日ばかりではなく、台風の日もございます。しかし山田君が船長として、春菜さんが機関長として乗り込んだからには、それぞれの責任と義務を分担し、協力し合って、無事に目的とする港へ着岸《ちゃくがん》させなければなりません。山田君は春菜さんというよき伴侶《はんりょ》を得たのですから、これはできるものと私は確信いたします。

展開

POINT

自分の容姿などをネタに、堅苦しくない冒頭のあいさつにすると、会場の空気をなごませ、ゲストを引き付けることができるでしょう。

新郎の上司
新婦の上司
共通の上司
新郎の同僚
新婦の同僚
共通の同僚

と申しますのは、新郎の山田君とは、彼が入社されて以来5年間、私が上司として職場をともにしてまいりましたが、その間の山田君の成長ぶりには、目を見張らせるものがございます。入社当時は学生気分が抜けずに先輩たちからいろいろ注意を受けていた青年が、1年、2年と歳月がたち、職場にも多くの後輩が見られるようになってからは、エネルギッシュなムードメーカーに変身したのです。

そして5年後には一人で二役も三役もこなし後輩たちを叱咤激励《しったげきれい》しながら、どんどん仕事を片づけ、業績を伸ばしているのです。いったい、どこにこれほどのファイトを秘めていたのかと、私が驚かされることも多くございました。今や山田君は私たちの職場のリーダー的存在なのです。

私事で恐縮でございますが、先日、私は上司に呼ばれて転勤の内示を受けました。そのときに後任として山田君を推薦《すいせん》いたしました。山田君と同期入社の者に比べると異例のことなので上司も驚いていましたが、5年間の彼の業績について細かく報告いたしましたところ、上司も納得してくれましたので、私も転勤を承知いたしました。このことは、近日中に発令されるものと存じます。

結び

山田君、今日の結婚式を機会に、君が私の後任者となることを皆様にお伝えいたしました。君ならば立派にやりとげてくれると確信しています。どうぞこれからは大切なご家庭のこととともに、職場についてもよろしくお願いいたします。

新婦とのなれそめを披露する

女子社員に人気の若きリーダー

つかみ

私は新郎が勤務されております会社で、労働組合長をしておりますす尾本と申します。

日比野君、恵美さん、ご結婚おめでとうございます。実はお二人の結びの神が、何とわが組合にあったとうかがって、日ごろ不粋の代名詞のようにいわれる組合も、たまには粋なまねをするわいと、一人で悦に入っているところでございます。

と申しますのは、お二人がそもそも意気投合されたのが、組合主催で催しました読書会だったとうかがっております。そのときにとり上げられたのが、武者小路実《むしゃのこうじさね》篤《あつ》の「愛と死」だったそうで、恋愛論とか結婚観とかで議論が戦わされたそうなのですが、そこでお二人の意見がピッタリ一致したということなのです。

この瞬間、お二人は自分の結婚する相手はこの人だと、お互いに心の中で思ったそうです。

以来、2年間、お二人は交際を重ねて、さらにその絆を深め、ついに今日のよき日を迎えることとなったしだいでございます。

展開

私は日比野君と同じ会社にいるものの、仕事はまったく別のことをしておりまして、日比野君とは組合を通じてお付き合いさせていただくようになりました。

日比野君は、昨年度の青年部長でありまして、総勢300人もおります、わが社の男子組合員を、若いながらよくまとめてくださいました。責任感があり、親分肌

POINT

仕事上の直接の上司でない場合は、知り合った場所での新郎の活動ぶりをわかりやすく説明し、新婦とのなれそめなどを語るのが無難。

で若い男子社員たちのリーダーとなるにふさわしい方でした。

また、それだけでなく、あの通りの好男子ですから、女子たちから注目の的にならないはずはなく、彼が青年部長になってから組合の会合をもちますと、今までよりも女子組合員の出席率がぐんとよくなり、今まで少しも顔を出さなかったような人まで出席しているというわけで、私どもは日比野君の動員力にはカブトを脱いだわけでございます。

青年部長などといいますと、何か理屈っぽい議論好きのイメージを持たれるかもしれませんが、日比野君はよく人情の機微をわきまえて、それでいながらよい意味での合理精神を持った現代的な男性です。

日比野君は仕事の都合で、どうしても青年部長を辞めなければならず、今年度は別の人が青年部長をしておりますが、私どもにとりましては非常に残念で、これでまた、組合は動員に苦労することになりました。しかし、日比野君の幸せのためならば、それも仕方ありません。健康に留意されて、元気にがんばってほしいと思っています。

結び

そして、恵美さんとの結婚によって人間的にこれまで以上に大きく成長されることを願うと同時に、よき伴侶を得てゴールインする日比野君の前途を心から祝福いたします。

上司ではなく切磋琢磨《せっさたくま》できる仲間として

日本一を目指してがんばろう！

つかみ

川越君、優子さん、おめでとうございます。

本日の天候のように晴れやかなお二人を前にして、上司とは申しましても3年先輩というだけのこと。しかも、いまだに独身の私としましては、何ともうらやましい限りです。

展開

川越君とは入社以来、最初の2年間は寮で部屋が隣り同士、職場にあっては、施盤工の先輩と後輩、そしてまた、たまたま2人とも機械いじりが大好きとあって、公私ともに仲良くしていただいております。

中学を卒業してすぐに実社会に出ました私たちは、まだ15、16の子どもの頃に、いきになり西も東もわからない東京に放り出されて、どうしてよいかわからず、非常に不安を抱いたものでした。

そんなとき、意志の弱いものは華やかな都会の誘惑に負けて、地味な仕事を嫌って転職を重ねる者もたくさんいました。

しかし、川越君はそんな中にあって、しっかりと施盤という自分の職業を見つめて、着実に腕を上げ、21歳のとき技能士二級の国家試験に合格、来年は一級に挑戦するところまでになりました。

ちょっと堅い話で恐縮ですが、技能士になるには、職業能力の開発促進法に基づいて行われる技能検定の実技試験と筆記試験に合格しなければなりません。また、こ

POINT

資格を持っている場合は、簡単にその説明を述べ、新郎の日頃の努力を語るほうが理解されやすいでしょう。

の試験に合格しないと技能士と称することは法律で禁止されています。

川越君は機械加工の分野での技能士で、現在は二級機械技能士、私は一級機会技能士でございますが、経験が基礎となる技能士になりますと、経済的な条件では安定した地位を確保でき、国際的にも高く評価されます。

皆様の中にはお聞きになったことがある人もいらっしゃるかと存じます「国際職業訓練競技大会」、通称技能オリンピックは昭和25年にスペインで第一回大会が開かれ、日本では昭和45年と昭和60年、平成19年の3回開かれております。

技能オリンピックには開催年に満22歳以下という年齢制限がございますので、川越君は出場できませんが、いつか彼は私に「日本一の施盤工になることを目指している」と言ったことがあります。私はそれを聞いて「お前は2番だ。なぜなら、おれが日本一になるからだ」と言って笑ったことがあります。川越君が日本一になるか、私が日本一になるか、あるいはどちらもだめか、それは誰にもわかりません。しかし、そうやって仕事に誇りと熱意を持っている川越君を見ると、私も負けてはいられないという気がいたします。

結び

そういう川越君と一緒に仕事ができることを、私はとてもうれしく思っています。これからもお互いにがんばりましょう。

川越君、お幸せに！

何事も陰の努力の賜物であることを語る

私が太鼓判を押す男

つかみ

新郎の長坂君と新婦の愛さんは、今朝、神社の神前でおごそかに結婚の儀をあげられましたとのこと、誠におめでとうございます。

まず、ご両人の今日《きょう》の晴れ姿を目《ま》のあたりにするご両親をはじめ、ご参列各位のお喜びはいかばかりかと拝察し、いく久しくお祝い申し上げるしだいでございます。

展開

新郎が当社に入社いたしましたのは7年前だそうですが、私が長坂君と知り合ったのは6年前であります。

新郎は高校を卒業してすぐに当社の本社に勤務、以来、7年間の本社勤務でございますが、私は大阪支社から本社に転勤してきましたので、本社勤務は6年。したがいまして、私は長坂君の上司ではありますが、本社勤務の年数から申しますと私のほうが1年後輩ということになります。私が大阪から赴任してきて、長坂君の上司になった当時、関西弁で話す私のことばに、長坂君はとまどいを感じていたようでございます。

と申しますのは、彼は生粋《きっすい》の江戸っ子で、私の前任者も関東地区の出身者、そこへ関西人の私が現れたのですから、当然だと思います。そこで私は、関西弁もわかり、関東弁を話す女子社員を間に入れ、約6カ月間、悪戦苦闘を続けました。

私の関西弁も直り、長坂君も慣れてきた頃、私たちの業界にも大きな変化が起こりました。インターネットの急速な普及によって、広告業界にも大きな時代変化の

POINT

自分が転勤してきたときの苦労話から、ともに乗り越えた時代の波、部下である新郎の長所と仕事ぶりへと話を広げると自然です。

波が押し寄せてきたのです。これまで、テレビや映画等の映像と、電車のつり革広告や雑誌広告など紙媒体の2本を主軸に営んできた、広告業界に激震が走りました。インターネット上での広告のマーケットが飛躍的に拡がり、その反面私たちの所属する紙媒体の広告チームは、縮小を余儀なくされたのです。一緒にがんばってきた社員のリストラにも直面し、厳しい状態が続きました。

あれから5年、長坂君とは同じ職場で現在も働いておりますが、長坂君はとにかく努力家。何をやらせても苦手ということがなく、意思堅固でしかも情にもろい面があり、後輩から慕われ先輩には愛され、そのユーモアのセンスはつねに仲間の人気の的で、運動神経は抜群、統率力に秀いで、性格は温厚な青年であります。いずれ私も長坂君もまた、どこかへ転勤させられるでしょうが、長坂君はどこへ行っても、慕われ愛される人物であることは私が太鼓判を押します。このような人物と結婚された愛さんはお幸せです。

結び

人の性質は、どれをとっても長短両面がございます。長所をほめ、短所に目をつぶることは人と交際する上で大事な心得ですが、ましてや長い人生をともにする家庭生活では、これが何より大切なことでしょう。

長坂君は私が5年間見てきて太鼓判を押した男でございます。間違いなくお幸せになれますので愛さんは安心して彼について行ってください。本当におめでとう。

新郎の長所にスポットをあてて激励する

仕事も家庭もその“誠実さ”で

小原君、朱里さん、ご結婚おめでとうございます。ご指名にしたがいまして、ひとことお喜びのことばを申し述べさせていただきます。

新郎新婦がわれわれの年齢になる頃は、世の中も変わり、今のこの新郎新婦は素敵に歳をとり、きっと素晴らしい夫婦になっていることでしょう。

われわれ夫婦が結婚した時代は、お見合い結婚も今とは比べものにならないほど多く、私どもも見合い結婚で結ばれました。結婚披露宴では、ご媒酌人様のあいさつがあるのが、当たり前でございました。また、われわれの時代には、披露宴とはいっても、宴というよりも厳《おごそ》かな雰囲気で、年配者への気遣いが必要以上にあり、ご両人そのものが楽しむということは二の次であったような気がいたします。

したがいまして、われわれが結婚した当時の花嫁さんは、披露宴の席では食べる格好だけをして、何も食べられませんでした。ほんとうにのどにものが通らない方もございましたでしょうし、また、おしとやかに見せるために食べたいのをがまんして食べない方もございましたでしょう。披露宴が終わった後でうどんを3杯も食べたり、お寿司やサンドイッチを口に押しこんだ方もおられたというむかし話もあるほどでございます。

しかし今日の花嫁さんは、小原君と同様、さかんに食べておられました。これは、現代的で頼もしい態度と思い、私は喜んでおります。お嫁さんも大いに食べて、今

つかみ

展開

POINT

ユーモアを交えて話す場合でも、過去との比較や新婦が気分を害することのないよう、口調や表情も含め気を配りましょう。

後もより一層のご活躍をしていっていただきたいと存じます。

ところで、新郎の小原君でございますが、私の職場に配属されてきて3年、私は上司として彼の性格や仕事ぶりを見てまいりましたが、彼の多くの優れた性格の中でも、とりわけ感心するのは〝誠実さ〟であります。

最近のとげとげした利己主義のはびこる現代社会にあって、とくに若者の辞書には薄れつつあるといわれる誠実さを持つ貴重な青年であります。この〝誠実さ〟は口で言うのは簡単でありますが、実際に実行するのは大変な努力がいるわけでございます。小原君は、今日《きょう》のおめでたい日を契機として、名実ともに一人前の社会人としてのスタートを切るわけでございます。

彼の生きる職場はビジネス社会であり、生存競争の激しい社会でありますが、誠実さは人生の最後の勝利者となる必須の条件であると思っております。それゆえ、あせることなく、一歩一歩その誠実さで事に対処していってほしいと念願いたしております。これは仕事だけでなく家庭においても同様であります。

また、新婦の朱里さんは明るく、天性の指導力、物事の判断能力に優れているとお聞きしております。

結び

誠実さの彼と本領を発揮して、よいご家庭を築いてくださるよう念願いたします。

本日は、まことにおめでとうございます。

すべての人生に通じる教訓を披露する

永遠の向上を求めて歩み続けよ

つかみ

今日《きょう》この黄道吉日《こうどうきちにち》のよき日にあたり、新郎の東出君と新婦の千鶴さんとのご良縁が実を結んで、ご両家のご両親、ご媒酌人ご夫妻、ご両家のご一族各位のご参列のもとに、おめでたいご婚礼の儀がおごそかにとり行われ、いく久しく偕老同穴《かいろうどうけつ》の契《ちぎ》りが結ばれましたことは、まことに慶祝《けいしゅく》に堪《た》えません。心からお喜び申し上げるしだいでございます。

展開

日本文化の祖と仰がれる聖徳太子は、その憲法十七条の二に「篤《あつ》く三宝を敬《うやま》え」と仰せられています。三宝とは仏とその教えと、教えを説く僧のことですが、仏式《ぶっしき》に基づく結婚式では、新郎、新婦に仏、法、僧の三宝に帰依《きえ》する「三帰依《さんきえ》」を授けます。これは正しい仏教徒であることを誓うわけですが、同時に人間として一生を立派に生き抜く、基本的な人格を作り上げる根本となる誓いであると考えます。すなわち、今日からこの楽しい新生活も、人間生活の現実に立った正しい人生観に基づかなければならないもので、第一に生きとし生けるものは、無縁の慈愛を垂《た》れ給《たま》う神仏を敬うこと、第二には天地間に躍動する真理にめざめ、正しい法によって生きること、第三は人間はお互いに敬愛し合って、和の生活を実践する心構えであります。和を尊《とうと》しとする人生観が根本となって新家庭を形作り、人間生活を営むことの誓いであります。

実は私は東出君の上司であるとともに、実家がお寺でございますので、僧籍《そうせき》もあ

POINT

神官、僧籍にある人は、上司としての話だけにとどまらず、それぞれの教えから新郎新婦に教訓を与え、二人の幸福を願うあいさつに。

る関係上、神前で婚礼の儀をあげられたご両人や皆様の前で、仏式に基づく結婚式の話をし、恐縮しております。ですが、神前であれ、仏前であれ、お二人が誓われたことは、今後の新生活において、日々の行為行動の上に具体化し、それを実現しなければならない義務がございます。

自分の職務に全力をささげることも、人もうらやむ新家庭を作り上げることも、やがて子どもが生まれて父となり母となる喜びも、いずれも具体化でございます。

また、お互いは神仏に抱かれているのですから、自分の天分を伸ばし、人びとを敬愛し、隣人に対して救いの手を伸ばすことが、そのまま人類の理想の一部を実現していることになるのであります。神仏を敬い、人を愛する新家庭は、日々好日《にちにちこうじつ》の生活が続けられ、希望に目覚め、感謝の日常生活となるのでございます。

今日のこの儀式によって、新郎新婦は新婚の喜びに満ち輝くとともに、人間生活の基本的な人格を形作ることに目覚めることができ、新生活の第一歩を踏み出すことができれば、こんな喜ばしいことはありません。

結び

今後は、仕事に励むことはもちろん、夫として間違いのない道を歩いているか、また、妻として間違いのない道を歩いているかということを、常に深く反省しながら、どのようなときにもどんなことが起こっても、夫婦はともに手を取り合って永遠の向上を求めて歩み続けてください。

職場でのいきいきとした姿を紹介する

園児があこがれるカッコいい先生

本日はご両家、ご両人様、誠におめでとうございます。

新婦の有希さんは、私どもの幼稚園に5年間勤めていらっしゃいます。先ほどからの皆様のお話からも十分おわかりいただけますように、有希さんはそれはもうやさしくて、明るいお人柄で、園児からも「先生、先生」と、大変な慕われ方でございます。

有希さんはまた、子どもたちに対して単にやさしいだけでなく、悪いことは悪いとして、厳しくたしなめる強さも持っていらっしゃいます。そして、有希さんが叱ると、不思議に子どもたちも言うことを聞くのでございます。

と申しますのも、有希さんは、今日《きょう》のようなおしとやかな花嫁姿からは想像もつきませんが、素晴らしい運動神経の持ち主でございまして、サーフィン、スキー、テニス、サッカーなど、スポーツならなんでもおまかせ！という現代的な女性でございます。

ですから、日頃の行動も大変きびきびとしていて、子どもたちと走ったり、遊んだりするのにも群を抜いて活発であり、機敏《きびん》でありまして、それがまた、子どもたちの目にはカッコいいと映るようなのです。

そのような有希さんですから、腕白《わんぱく》坊主たちも、有希先生を見習いたい、有希先生のようになりたいと、人気の的でございます。

展開

つかみ

POINT
職場が幼稚園や保育園などの場合は、新婦が多くの園児たちのあこがれの的であることを強調して人柄を伝えます。

そんなわけで、有希さんは私どもの幼稚園におきましては、なくてはならない存在でございまして、結婚されるとうかがったとき、私が真っ先に考えましたことは、辞められたら困るなぁということでした。

しかし、「子どもたちがかわいいから、まだ当分は仕事を続ける」と聞きまして、内心は大いにホッとしたのでございます。

新郎の伊東様には、何かとご迷惑をおかけすることがあるかもしれませんが、ここはひとつ、子どもたちに免じて許してやってほしいと思っております。

「妻にするなら、子どもとお年寄りに人気のある女性を選べ」と申します。その意味でも、有希さんは三国一の花嫁と申せましょう。また、勤めを持った妻へのいたわりは、夫として当然のことでございます。愛情をもって有希さんを助けてあげてください。

結び

有希さんも伊東さんのご両親には実家のご両親以上に尽くすよう心がけ、これからも今日の感激を胸に秘め「初心忘るべからず」を肝《きも》に銘じて、新しい生活に一日も早くとけこんでください。

いささか手前みそを加えたような祝辞ではありましたが、ここにお二人の前途のお幸せを心からお祈りいたしまして、私のあいさつを終わりたいと存じます。

有希さん、もう一度おめでとうと言わせてもらいます。

ふともらした真情をエピソードに加える

やさしく家庭的な心を持った新婦

つかみ

新郎の島崎さんと、新婦の景子さんのご結婚を心からお祝い申し上げます。お二人は今日《きょう》まで、それぞれに違った道を歩いてこられたにもかかわらず、どこで、どのような知り合い方をされて、今日のよき日にご結婚されることになったのか私は存じませんが、やはり人生の行路《こうろ》は、一人より二人で一緒に歩くほうがベターであると思います。

短い距離の散歩ならば、一人歩きも気楽でよろしいでしょうが、遠路の登山や旅行には、気の合った者同士で出かけたほうが、一人よりも何倍も楽しいように、人生の行路もまた然《しか》りだと存じます。

展開

ところで、新婦の景子さんと私との関係は、部下と上司、それもわずか1年足らずという短い期間でございます。私が旅行センターの所長として着任した当時、景子さんはカウンターで多くのお客様と接しておられました。ほかにも数人の女性社員はいたのでございますが、なぜか景子さんのところにこられるお客様が多いのに気がつき、部下を把握するうえからも、その対応の仕方などを注意深く見守ってまいりました。

景子さんは皆様ご覧の通り、大変美しく、また心のやさしい女性でいらっしゃいます。ですから、最初は景子さんが他のスタッフに比べて、美しいからだろうという程度に見ていたのですが、それだけではなかったのでございます。

POINT

職場での活躍はもちろん、やさしく家庭的な心根を持った新婦の場合は、その真情にも触れるとさらに人柄が伝わります。

先ほど、司会者様からご紹介がございましたが、景子さんは、簿記や英検のほか、ダンスのインストラクターの資格まで持っておられる、文字どおりの才媛《さいえん》であります。

カウンターには日本人のみならず外国人も来られます。そのような場合に、景子さんの資格が有効に生かされていますし、心のやさしい方ですから、ご高齢の方などにもにこやかに応対され、ほかのスタッフに比べましても、ことば遣いや接客態度が一段上なのでございます。これでは景子さんのところにお客様が多く集まるのは当然です。私が上司ではなく、一人の客として相談に来た場合、多少待たされても、景子さんに応対してもらいたいという気持ちを強く持ちました。

そんな景子さんのかねてからの念願は、自分は実務的な資格は持っていても、家庭のことはなにもできないから、結婚後はお相手のお母様にいろいろ教えていただきたいとのことでありました。近頃とかく若い夫婦だけで生活を楽しみたいという傾向の中で、誠に珍しくやさしい家庭的な真情をお持ちになった方だと思います。この謙虚な心があってこそ内助の功も遂げ得るのだと信じます。

結び

このような立派な素質、素養を持たれた景子さんが、新郎と一心同体となり、お互いに尽くし合われたならば家庭生活は万々歳《ばんばんざい》でございましょう。景子さんの前途を祝福いたします。

職場を離れる新婦へ夫婦の先輩として

自分たちらしい家庭作りを

つかみ

本日は亀山家と香田家のご盛儀《せいぎ》にお招きをいただき、光栄に存じます。新郎の翔太さんと新婦の咲子さんが、このたび良縁を得られまして、ここにめでたくご結婚されましたことを、私は咲子さんの上司として、また職場の同僚一同を代表して祝福いたしております。

展開

現代の変化の激しい社会で、とかく個人主義とか、自主独立ということばを間違って解釈し、利己主義や自分勝手なことをする人たちが多くなり、それが正しい生き方のように誤解されていますが、新婦の咲子さんはとてもバランス感覚に優れていらっしゃいます。ステキなユーモアのセンス、天性の指導力、物事を判断する能力などから、自分の所属するグループ内で愛され、親しまれ、多くを期待され、なくてはならない人であることはもちろん、職場においても自分の場を築きあげ、責任も見事に果たしてこられました。

多くの人に愛され、親しまれ、発言や行動に思いやりと理解を持ち、周囲の人を幸福にしてくれるテクニックを持っておられる咲子さんが、結婚式を控えた数日前、私のところにあいさつにきたときに「どこにおかれても、そこで自分の能力をフルに使って、職場よりもっと楽しく、住み心地のよい家庭を作る」との決意を述べられました。そのような決意と責任感を持って、理想的な家庭を築くために、咲子さんは新しい人生へ出発されようとしています。誠に喜ばしいことであり、咲子さん

POINT

多くの人に愛された職場を離れ、家庭に入る新婦の決意を紹介し、真実の生活を貫くことを忘れないようアドバイスを送ります。

ならばきっとやり遂げられると私は確信しています。

私は結婚というものは、さまざまな形があっていいと思っています。年齢も人生も人によって違うわけですから、適齢期も一人一人違えば結婚する相手との出会い方もさまざまです。ただあるのは、一人の男性と一人の女性がいるということ、その人間と人間が出会い、向き合い、そこから始まり、家庭を作り上げていくものだということです。ですから、二人が築く家庭も暮らしも、自分たちだけの個性で作っていくことが大切だと思います。

例えば、男性が料理を作ることや掃除が好きならば、そういうことをやればいいし、女性が外で働くのが好きならば、家庭に縛られることなく外へ出ればいいわけですし、暮らしやすい方法を自分たちで見つければいいのです。

結び

ただ、夫婦の生活ではご両人よりもはるかに先輩である私といたしましては、お二人の幸福がいく久しく変わらないように念願するあまり、ひとことだけ申しあげずにはおられないことは、自分たちだけの個性で家庭や暮らしを築いたら、終生、真実の生活に徹していただきたいということであります。家庭の幸福を保つためには、うそや隠しごとは絶対に禁物であります。

どうかあたたかい幸福な家庭をお作りください。私も皆様と一緒に新しい幸福への旅立ちに大きな声援を送りたいと思います。

新郎の上司　新婦の上司　共通の上司　新郎の同僚　新婦の同僚　共通の同僚

新婦が気負いすぎないようアドバイス

力を抜き、流れにまかせて

このたびは、井出さんとのご結婚、誠におめでとうございます。

私どもは○○産業の経理課に属しておりますが、総勢10人ほどの小さな所帯でございます。千絵さんは、その中にあってパソコンのエクセルの名手として経理にはなくてはならない存在であり、また、いつもニコニコと笑顔を絶やさない、まさに経理課の花でしたので、このたびのご結婚は、私どもにとっても喜びであると同時に、掌中《しょうちゅう》の珠《たま》を奪われたような寂しさをも感じております。

つかみ

経理と申しますのは、非常に手堅い能力を要求されまして、あまり華やかさとは縁がありません。地味に、コツコツとやることが身上であります。千絵さんは、毎日毎日、山積みされる仕事をきちんと的確に処理して、そのうえで若い後輩たちに気を配り、明るいユーモアで皆を笑わせるという方でありました。

このたび、結婚して家庭に入られるということで、課一同大いに落胆したのですが、今日《きょう》、新郎の井出さんに初めてお目にかかって、この方のためなら千絵さんが仕事を捨てるのもやむを得ないと観念したしだいです。

千絵さんのことですから、きっと家庭に入られたならば、有能で美しい、妻であり主婦となることでしょう。このことは私を含めて、経理課の一同が太鼓判《たいこばん》を押しておきますが、家庭というものは国家の縮図のようなもので、自分一人のものではありません。共同生活なのですから、各々がわずかずつでも歩み寄らなければ平和

展開

POINT

「大人」といえる新婦には、個性をほめながら、時には川の流れにまかせることも必要だと話しましょう。説教調にならないよう注意。

は保ち得ません。

長い年月の間には、いろいろな風雪があるものです。川の流れと同じように、岩にあたり、激流となり、滝となり、ついには音もなく流れる大河となります。この流れにけっして逆らってはなりません。時には、川の流れにまかすべきときもやってくるでしょう。

千絵さんは、自分なりの考え方を確立されておられる方ですから、他人の意見に左右されたり、他人の基準で自分を計るなどということは、実にくだらないことであると気づいていらっしゃるはずです。そして、今までの自分の人生経験をもとにして、他人の気持ちがわかるようになっていらっしゃるし、独りよがりや相手への過分な期待ではなく、むしろ相手の気持ちを思いやれる余裕のある人に成長なさっておられます。いわば、「大人」と言える方でございます。

結び

私は、結婚というのは、さまざまな形があっていいと思っています。ただあるのは、一人の男と一人の女がいるということ、その人間と人間が出会い、向き合い、そこから始まり、作り上げていくものですから、自分たちだけの個性ある暮らし方を作っていくことが大切だと思います。

さしでがましいことを申しましたが、井出さん、千絵さん、どうぞ末永くお幸せに。

冒頭に質問を投げかけ、会場を引きつける

夫と子ども、どちらが大切？

本日はおめでとうございます。

いきなり唐突なことでびっくりされるでしょうが、「夫と子ども、どちらが大切だと、あなたはお考えですか？」と質問されたとしたら、新婦やご出席の女性たちはどうお答えになるでしょうか。

「比較できるものではありません。両方大切です」と、お答えになるかもしれません。ごもっともなことでございます。しかし、それでもどちらかを、とせまられたなら、「やはり子どものほうが大切」とおっしゃる方のほうが多いのではないでしょうか。

つかみ

私は仕事上、フランス人の知人がいるものですから、その知人の奥さんに、同じ質問をしてみたことがあります。すると、その奥さんは迷うことなく「はい、私にとって子どもよりも夫のほうが大切です」と言い切りました。それも、感受性の高い思春期の娘さん2人がいる前でです。

さて、「夫か子どもか」という二者択一に対する、日仏の主婦のはっきりした反応の違い、実はここに、これからの家庭関係、そして、その中での思いやりはどうあるべきかを考えていくうえでの大きな鍵があるように私には思えるのです。

一昔前には、日本の家庭は大家族主義の上に成り立っていました。私たちが、団地やマンションなどの住宅に住み、小家族として暮らし始めたのは、40、50年前か

展開

POINT

堅苦しいあいさつが続くと、会場にも疲れが見えてくるもの。唐突な質問で引きつけ、その答えと教訓を祝辞にするのも話芸の一つ。

らのことです。それだけに、意識の面では、祖先の位牌《いはい》は長男が守るとか、家を継ぐということも日常的に行われており、今だに大家族主義は忘れられていないようです。けっして、大家族主義が悪いというわけではありません。

しかし、現実に住宅事情によるものにせよ、今までの日本人の暮らし方が変わって、急速に核家族化していく中で、私たちの意識も時代の流れにマッチしたものに変えていかなければならないのではないでしょうか。核家族……つまり、夫婦と子どもの関係が生活の基盤となります。しかし、子どもはいずれ巣立っていくもの。そして、その後に夫婦だけが残ります。先ほどのフランスの奥さんは「だからこそ、夫のほうが大切。子どもに対しては上手に巣立たせる準備をしてやるだけでいい」というのです。核家族の生活を何百年も続けてきたことに裏づけられた名言だと思います。

結び

家庭での思いやりということを考える際にいちばん大切なことは、その思いやりが、核家族を営んでいるという自覚に基づいたものでなければならないということです。たとえ思いやりを働かせても、それが子どもの巣立ちを遅らせるようなものであったとしたならば、かえって不幸な原因になりかねません。この点をたえず念頭に置きながら、真司さんと真由美さんは今後、家庭での思いやりを考えて、幸せなご家庭を作られるよう望みます。

経験をもとに幸福な家庭作りを提案

仕事のプロから家事のプロへ

つかみ

紗季さん、このたびはおめでとう。職場の上司として、お祝いのことばを述べなければなりませんが、これからは家庭の主婦となる紗季さんに、プロの主婦になるための条件とでも言うべきものをお話して、お祝いのことばに代えさせていただきます。

展開

「いつも家事に追いかけられて、うんざりしちゃう。暇などあるようで全然ない」という主婦の嘆きをよく耳にします。

私も結婚当初、専業主婦をしていましたが、朝、夫や子どもがでかけると、ホッと一息ついて、まずテレビ。つい、次の番組まで見てしまう。気がつくともう昼で、夕食の献立を考えて買い物に行ったらおしまい、という日もありました。

家事は毎日が同じことのくり返しで、ともすれば、メリハリを欠いたダラダラとしたものになりがちです。これでは、家事に対する心理的負担が残るだけ。まさに「家事地獄」ともいえましょう。

そこで私は、紗季さんが家事に追われないために、ハッキリした家事プランを持つことを提案します。これは、私が実践していた方法なのですが、主婦自身の時間割表を作ることです。

たとえば、月曜日は居間と寝室の大掃除、火曜日にはゴミの収集日だから、午前中は家にいて午後は夕食の買い物、水曜日は台所の掃除と洗濯、木曜日は都心へ

POINT

専業主婦になる新婦やほかの方々が気分を害さないような配慮を。自分の体験談からの提案として話すと角が立ちません。

ショッピング、といったものです。

時間表を守るためには、もちろん、きちんと働かなくてはなりません。時間に流されて、なんとなく一日が終わりがちになる日常より大変です。しかし、予定通り家事を片づけることを習慣化していけば、生活にメリハリがつき、家事に追われているという心理的負担も消えます。ないと思っていた主婦の自由時間も、意外なほど作り出されるはずです。逆説的な言い方かもしれませんが「家事地獄」から解放されるためには、家事のプロに徹することです。この時間割表をさらに応用、使いこなすことで、私は仕事に復帰することもできたのです。

結び

現在は、男性も家事を分担することが当たり前になっていますが、これまでバリバリと仕事をされてきた紗季さんなら、プロの主婦として家庭のいっさいの雑事をテキパキと取り仕切ることも難しくないのではと思います。そして、家族にとって、最高の憩いの場所となる家庭を作ってくれることでしょう。

紗季さんが学校に入学してからは学生としての時間割表、会社に勤めてからは会社の就業時間に縛られ、今さら主婦の時間割表なんて、と思われるかもしれませんが、主婦としてのプロ意識に徹するためにも、また、幸福な家庭作りをなさるためにも、主婦の時間割表を作ることをおすすめします。そして、お幸せな生活をお過ごしください。

職業柄得意なことを生かしたスピーチに

家計簿による健康管理のすすめ

つかみ

おめでとうございます。このおめでたい宴《うたげ》にお招きを受け、感謝いたしておりましたところ職場の上司として何かひとこと、と指名され、立ち上がりましたものの、銀行員の悲しさと申しますか、思いつくのはお金のことばかり。悪しからずお許しいただきたいと存じます。

展開

幸せな暮らしを下から支えるのはお金でございます。その家に大きな柱が立つかどうかは、家計を預かる主婦の手腕によるところが大きいものです。美帆さんは銀行に勤めておられたから、私がお話しすることは十分ご存じだと思いますが、これからは主婦となられる身。銀行勤めとは違う金銭のやりくりに専念していただきたいと思います。

生活の仕方を決めるのに、まずしなければならないのは、自分たちのおかれている環境、条件をしっかり確認すること。家族構成、収入、年齢などにより、各自やりくりの仕方が違ってくるはずです。

そのためには経験と勘ばかりに頼らず、家計簿をきちんとつけることをおすすめします。家計簿をつけたからといって、1円のお金も増えるわけではございません。第一、あの細かく分けられた費目《ひもく》を見るだけで頭が痛くなります。美帆さんはそういうことはないと存じますが、ご出席の方で帳簿つけはどうも、という方は、自分で工夫した家計簿をつけてみてはいかがでしょうか。

POINT

上司というより銀行員という立場から、皆に役立つ金銭出納帳での体調管理法を披露し、部下の幸せを願うのも面白い方法です。

私は、もう20年以上も金銭出納帳を個人的につけていますが、大学ノートに自分流の費目を立てています。健康のためのジョギングシューズを買ったときは保険費へ、パーティーへ呼ばれて靴を新調したら交際費と、同じ靴でも使用目的によって記入する項目が違います。花1本でも、仕事の疲れをいやすためなら保険費、住まいのインテリアとしてなら住居費へと区分けします。その項目も、そのときの心と生活の在り方に合わせて書き入れるので、文章で綴《つづ》るよりも生活の有様がはっきり記されており、手にとるようにそのときの生活ぶりがわかるわけです。

以前、体調がすぐれず、医者もその原因がつかめなかったことがあります。そのときも生活記録金銭出納帳を持って病院へ行きました。食品の項目には、こと細かく食べたおかずを記入してあり、野菜は緑、肉は赤と食品列に色鉛筆でアンダーラインも引いてありますので、栄養のバランスが一目でわかるのです。その結果、動物性食品のとりすぎと、仕事のしすぎによる過労だと、精密検査ではわからなかったことが金銭出納帳で判明したのです。

結び

お金を管理することは、生活も管理することです。家計簿または私のような金銭出納帳を通して、ご主人やご家族の生活ぶりをしっかり把握《はあく》できれば、明日への生活設計の道もおのずと見えてくるはずです。新生活に入られる美帆さんに実行していただきたく、私の体験談をお話してごあいさつに代えさせていただきます。

職場の話から発展させ、ことばの力を語る

ゆとりを与える「ゆっくり」

つかみ

このおめでたい席に参加するのを許され、心からのお祝いを申し上げる機会を与えられましたことを、私は光栄と思い、深く感謝いたしております。

ただいまご紹介にあずかりましたとおり、私は新婦の上司として、商事会社に勤務し、変化の激しい社会の中で生きていますが、職業柄、外国人との接触が多く、中には日本語をひとことも話せない人もいます。

展開

日本語をひとことも話せない外国人が、1カ月か2カ月たつと、片言《かたこと》ながら日本語を話すようになるのには驚くのですが、日本に来て最初に覚える日本語は、何だと思いますか？　それは「おはようございます」「こんにちは」、もう一つは「早く早く」。どこで覚えるのか聞いてみましたところ、日本のお母さんだというのです。

確かに、家庭内では子どもに「早くおふろに入りなさい」、「早くごはんを食べなさい」、「早く学校に行きなさい」、「早く寝なさい」と言い、街で子どもの手を引いている母親たちは「マリちゃん、早く歩きなさい」と、母親たちの口ぐせといってもいいくらい「早く早く」と言っているんです。「早く早く」と言われて育つ子どもは、考えてみれば気の毒なものです。なぜ早くしなければいけないかの説明が一つもなく、ただせかされているのです。どうして人生、そうせわしなく生きることがあるのでしょうか。

ある中学の先生が、研修でフランスの小学校を訪ねたときのこと。担任の教師が

POINT

家庭ではつい「早く早く」と言ってしまいがち。暮らしにゆとりをもたせる「ゆっくりゆっくり」ということばの多用をすすめます。

骨折したため、3週間も学級閉鎖しているクラスがあったそうです。「そんなに休んで、よく親たちが黙っているものだ」と驚く日本の教師に、その学校の校長はこう言ったそうです。

「親のほうがそれを望んでのこと。普段ゆっくりしつけられないことを教えられるよいチャンスだから、先生が完全に治るまで3週間休みにしてほしい、と申し出があったのです」。そしてさらに、その校長先生は「人生80年。どちらにせよ、その長い人生のたった3週間か4週間のこと」とつけ加えたそうです。

日本でもゆとりある生活の必要性が唱《とな》えられています。しかし、夫は仕事、子どもは勉強、妻は家事にパートにと、私たちの暮らしはまだまだ忙しすぎるようです。

「長い人生のほんの一瞬」、その心の余裕が、新しい何かを生み出すかもしれないのです。「早く早く」とせかすよりも、「ゆっくりゆっくり」とした生活ペースを大切にすることが必要だと思うこの頃です。「ゆっくり食べなさい」、「ゆっくり休みなさい」、「ゆっくり○○しなさい」、その気持ちが人の心を落ち着かせ、暮らしにゆとりを持たせることになるのだと思います。

結び

華さんも本日からは、「早く早く」よりも「ゆっくりゆっくり」ということばを多く使うようにして、暮らしにゆとりをもたせるよう心がけてみてください。

ご結婚おめでとうございます。

今日の誓いを心に幸せを築くための助言

「妻の顔」でいられるかは夫次第

つかみ

聡美さん、結婚おめでとう。今日、このように多数の皆様からあたたかい祝福のことばを述べられ、新しい門出のスタートを切るのは、誠に幸せなこととお喜び申し上げます。ご両親もさぞかしお喜びのことと存じます。

ところで、本来ならば、新婦の上司としてお祝いのことばを述べるべきところでしょうが、私は、今後の聡美さんの努力目標としてほしいことばを述べさせていただき、お祝いのあいさつとさせていただこうと思います。

展開

欧米のミセスを見ていて、私が常々考えさせられることは、彼女たちの、夫との付き合い方です。「私にとって、夫のほうが子どもより大切」と言い切る既婚女性たちは、それだけ常に夫に気を張って付き合っています。夫の帰宅時間には化粧、身づくろいをおこたらないなどは、その表れです。

日本のミセスの場合はどうでしょうか。子どもに全精力を注ぎ込むためか、夫との関係がおざなりで、緊張を欠いた状態になっているミセスが何と多いことか。私もその一人なわけですが、日本のミセスには、子ども向けの〝母〟の顔はあっても、夫向けの〝妻〟の顔がないのです。

これでは家庭における夫への妻の思いやりの、もっとも基本的なところが欠けていると言わざるを得ないでしょう。家庭の基本は、夫と妻の関係なのですから〝妻〟の顔を常に忘れないことです。これを聡美さん、いや、私も含め日本のミ

POINT

新婦にいつまでも初心を忘れないよう促すとともに、新郎へも妻をいたわり続けるようお願いをして、部下の幸せを願うスピーチに。

セスの第一の努力目標にしていただければ幸いに思います。

とはいえ、〝妻〟の顔を持つことは、けっして簡単なことではありません。夫が妻に、その身だしなみを始めとして、関心を持つことが大切です。お付き合いしていた関係から夫婦になると、「家族」となり、恋人時代のような愛情を持続させるのは簡単なことではないかもしれません。むしろ自然なことなのかもしれません。

そこでひとつ、ご主人となられた武さんに提案がございます。妻となった聡美さんのことを恋人時代と同様によく見てあげてください。「今日《きょう》の髪型、似合ってるね」でも、「顔色悪いけど大丈夫?」でも、どんなささいなことでもかまわないと思います。そして、たくさん会話をしてください。毎日「愛している」と言えと言っているわけではありません。

結び

妻として、家族として深い愛情に包まれていると感じるのは、こうした毎日のことだと思うのです。すべて当たり前のように接せられては、〝妻〟の顔は薄れ、〝母〟の顔ばかりになってしまうのもしょうがないことではないでしょうか。

〝妻〟の顔とは、たえず意識して作り出すもの。その心構えを忘れないようにしてほしいと思います。

最後に、いつまでも、あたたかく平和な家庭であることを念願し、あいさつといたします。

平坦ではない人生への心構えを教える

険しい道もご主人とともに

夏菜子さん、素晴らしいご結婚おめでとうございます。

新婦の職場の上司として、お祝いのことばを述べよとのご指名をいただきましたので、僭越《せんえつ》ではございますが、ひとことお喜びを述べさせていただきます。

私は、新婦の夏菜子さんを通じて、お母様とは何度もお目にかかり、お話もいたしたことがございますが、よい意味での日本的なお母様のやさしさ、あたたかさの中で夏菜子さんを育んでこられたような気がします。したがいまして、新婦の夏菜子さんは、実にやさしく、気立てのよいお嬢さんでございます。職場においても、先輩からはかわいがられ、後輩たちには慕われておりますことからも、夏菜子さんのやさしさ、気立てのよさは生来のものであると言っても過言ではありません。このような夏菜子さんと結婚された西田さんがうらやましいと思っているのは、私一人ではないと思っております。

ところで、私は形式的な結婚式に出ると、何と言ってお祝いしてよいのか、ほんとうにとまどってしまうのですが、夏菜子さんのお母さんのお話によると、今日のお二人は5年も前から、お互いに心と心で結ばれて、その間、二人で力を合わせていろいろな障害を乗り越え、今日のゴールインになったのだということをお聞きいたしまして、これは、心の底からおめでたいと思いました。

人間が、お互いに自分の心で相手を選び、自分たちの力で結婚という環境を作っ

つかみ　展開

POINT

上司とはいえ、必ずしも仕事の話をしなければいけないわけではありません。昔観た映画のシーンを思い出し、夫婦の機微《きび》を語るのも。

ていったという事実は、何物にも代えがたい、尊いことだと思うのです。

50年ほども昔の映画ですが、森繁久弥と淡島千景の演じた「夫婦善哉《めおとぜんざい》」という作品がございました。私も母から教わって、今の主人と結婚する際に観たのですが、この映画のご亭主は、あまり出世もせず、俗にいう甲斐性無《かいしょうな》しなので、妻君《さいくん》は、ときおりため息をついて、何の因果《いんが》でこんな亭主を選んだのだろうと悔やみますが、二人でおしるこをすすると、そうだ、私の心で、私の目でこの人を夫と決めたのだと、しみじみした感激にひたります。

思えば、夫婦の愛情なんて、そんなところにあるのでしょう。私もときどき古ぼけた亭主を見て、新しいのに取りかえたいなんていう気を起こすこともありますが、結婚当初の頃を思い出しますと、あっ、そうだったとしみじみしてしまうのです。

結び

新郎の西田さん、私は今日《きょう》初めてお目にかかり、社会的にもあなたの将来が希望に満ちていることを知り、安心しました。けれども、人間の人生は、どんなことが起こるかわかりません。たとえあなたが、何かの不運でそれを失ったとしても、あなたを信じ愛した夏菜子さんは、手押し車を押しても、あなたとともに笑いながら険しい人生を歩むだろうということを、私は自分でも信じ、あなたにも知っていただきたいのです。ご列席の皆様も、これから二人が築いていく人生をあたたかい心で見守ってあげてください。ほんとうにおめでとうございます。

支えてくれた人がいることを胸に

「生きる」ことの意味を考えて

つかみ

先輩やご年長の方が多数いらっしゃるところ、新郎、新婦と同じ職場の上司という意味でご指名にあずかりましたので、ひとことお喜びのごあいさつを申しあげます。

新郎の亮二君が当社に入社して参りましたのは4年前、また、新婦の春乃さんが、入社して参りましたのが2年前でございます。

ともに、まだ、ほんの昨日のような気がいたしますのに、いつの間にか春乃さんのような美しい人をお嫁さんにもらい、また春乃さんも、わが社の優秀なビジネスマンを夫と呼ぶような間柄となられ、そんなところにかしこまって座っているのを見ますと、つくづく時間の経つことの早さを思い知らされます。

と同時に、亮二君、春乃さんのご両親はじめ、ご家族の皆様方のお喜びはいかばかりでございましょう。お二人のお喜びの陰には、こうした多くの方々の限りない愛と、先輩や同僚のたゆまざるあたたかいご指導、ご鞭撻《べんたつ》が存在したということを、きっと考えておられることと存じます。

展開

ご存じのように、お二人の前途、いや、ここにご出席の若い方々の前途には、多くの欺瞞《ぎまん》や混迷《こんめい》が待ち受け、若者の感傷など許さない、厳しいものがあります。その中で、ややもすると自分の進むべき方向を見失い、すっかり自信を喪失してしまうようなときが訪れるかもしれません。

POINT

二人が生まれてから、結ばれるまでのことを思い起こすよう語りかけ、真剣に生きていくことの意味を問いかけ考えさせます。

そんなとき、自分が生まれ育ち、今日《きょう》の門出に至ったまでのことを、静かに思い起こしてみてください。きっと、その間の多くの方々のいろいろな教えが、思わぬ手助けをしてくれるでしょう。あるいは、ご両親やご家族の方々が、日常さりげなく示し続けてくださった思いやりの数々が、お二人を再び勇気づけてくれるかもしれません。そして、学生時代や社会人となってからの同僚や友だちとの語らいの中で、模索し続けた生きることの意味を、今こそ真剣に考えねばならないときであることに気づくかもしれません。

吹く風はさわやかな今日、まさにはばたく鳥にも似たお二人の姿は、誠に頼もしく輝かしい限りでございます。

世界は日々刻々と変化を続けています。インターネットの普及などによって、さらに情報は早く伝わり、世界は小さくなっているような気さえしております。私が今まで生きてきた50年とは、また違った50年が、この先には広がっているのでしょう。

結び

これからの時代が、平和と希望に満ちあふれた明るく美しい世界となるためにも、どうぞ二人は力を合わせ、真実を見失うことなく、若い英知と新しい発想を、さまざまに揺れ動く現代の中に活用させ、明日の世界のために役立ててください。

ご多幸を祈ります。本当におめでとう！

海外で新生活を開始する二人を応援

赴任先の環境に早くとけこんで

つかみ

富岡さん、麻子さん、ならびにご両家の方々に、心からお祝いを申し上げます。ご両人のお喜びはもとよりのことと存じますが、ご両家のお喜び、これにすぎるものはないと存じます。

さて、新郎の富岡君は、さきほどのスピーチでも紹介がございましたように、U大学を卒業されて当社に入社、国際部に配属されて以来、多くの外国商社マンと接し、仕事をしておりますが、責任感が厚く、きわめて有能な信頼にあたいするビジネスマンでございます。

また、新婦の麻子さんも、仕事上では非常によい働き手であり、富岡君を助けながら、本当に実のある仕事をなさいました。その上、明朗で快活、職場の誰からも愛されております。

展開

本日、めでたくお二人が結婚されたのは、部内の者、また、私といたしましても当然のことと受け取っておりますが、なぜ、急に挙式となったのか不審に思われる方も多いと存じますので、私から説明させていただきます。

富岡君に転勤の内示がございましたのは今から3カ月前でございます。そして新婦の麻子さんが会社を退社されたのはつい、半月前でございます。

二人がそろって、私の自宅にこられました。そして、富岡君は転勤のときには麻子さんと結婚して二人で赴任先に行きたいと言うので、麻子さんにも聞いてみまし

POINT

急遽、挙式をすることになったのが、海外赴任のためであることを説明。赴任先の状況を語って、早く環境に慣れるよう激励しましょう。

た。同じ部内で富岡君を助けながら仕事をしているうちに、麻子さんも富岡君と結婚したいと思うようになったものの、来年か、再来年の秋ごろと考えていたようです。ところが富岡君に転勤の内示があり、それも韓国のソウルで3年間は帰れないと聞かされ、すぐに結婚したいと富岡君が麻子さんにプロポーズをし、ご両親にも打ち明け、ご了解をいただいて私のところに参ったのでございます。

その翌日から、二人の周辺はあわただしくなり、今日《きょう》の挙式となったわけでございます。したがいまして、結婚式がお二人の歓送会でもあるわけでございます。

ご存じのように、富岡君の赴任先であるソウルは、韓国の政治、経済、文化、教育の中心であり、韓国の首都として、日本でいえば東京にあたりますが、人口比率や都市機能の集中ぶりからみましても、韓国内に占める比重は、東京以上に大きい国際都市でございます。しかし、日本を離れて、3年間とはいうものの異国で毎日暮らしていくということは、お二人にとって、またご両親にとりましても、ご心配のことと思いますが、われわれ商社マンにとりまして、転勤は起こりうることであり、将来有望な富岡さんには、さらに避けられない使命なのでございます。

結び

かくなるうえは、一日も早く現地の生活にとけこむように努力され、環境に適応しながら、独自のライフスタイルをうまく編み出してほしいと思います。お祝いのあいさつと歓送のことばをかねさせていただきました。お元気でお幸せに。

新郎の上司
新婦の上司
共通の上司
新郎の同僚
新婦の同僚
共通の同僚

新郎に将来を託し、新婦に内助の功を願う

結婚は始まり。立派に実らせて

つかみ

航さん、さつきさん、結婚おめでとう。ご両家のご両親、またご一族の皆様、本日はお日柄もよく、ほんとうにおめでとうございました。心からお祝いを申し上げます。

さて、人間は結婚することによって、初めて社会人としても、職業人としても完成されるものでございます。と申しましても、新郎の航君、また、新婦のさつきさんが今まで半人前であったというわけではございません。悪しからずご了承のほど、お願いいいたします。

展開

新郎の航君と私が知り合いましたのは、今から2年前で、私が海外の前任地から本社の情報管理部に戻って参りまして、航君の上司としての辞令を受けとった日でございます。また、新婦のさつきさんとは、入社後1年たって、私の部署に転属されてからでございますから、航君、さつきさんのことは、ここ1、2年間のことしか知りません。

しかし、二人とも勤務ぶりはまじめで、航君はわが社の中堅社員としては将来を嘱望されている男であり、さつきさんはまさに才媛《さいえん》という名にふさわしい女性でありますことは、多くの者が認めております。

話によりますと、航君とさつきさんが、本日華燭《かしょく》の典《てん》をあげるにいたりましたのは、私が二人と知り合う前からの交際が実を結んだようでございます。そう言われ

POINT

好きな人がそばにいると、男女の区別なく張り切るもの。二人もまた、同じ課でよい結果を生んでいたことを盛り込みます。

て思い出しますことは、私の歓迎会の席上のことでした。

自己紹介のときに、私の隣りに座っていた女性が、そっと姿を消したのです。私は別に気にもせず、部下になった人たちとの自己紹介も終わり、私がこれからの抱負などを話していると、姿を消した彼女が、いつの間にか航君の隣にいるのです。おかしな女性だなとは思いましたが、酒の席のこと。名前は名乗り合うこともなく別れました。それからは会社内で顔を合わせるとあいさつをするようになりましたが、ある日、私のところに辞令をもってあいさつに来ました。そして「経理課から転属になりました松平さつきです」と言うのです。それ以来、部下として航君とともに仕事をしているのですが、**彼女が転属になってきた日からの航君の張り切りようは、目を見張るものがございました。男というものは、好きな人がそばにいると変わるのだなあと、つくづく考えさせられました。結婚した今からは、ますます張り切って、会社を背負って立ってくれるものと信じております。**

また、さつきさんは、夫の仕事の内容や職場の環境についてよく理解しているのですから、これからは夫のために内助の功を発揮してほしいと思っております。

結び

結婚というのは、一つの節目、一つの区切りであるとともに、一つの始まりでもあります。これからの長い間に自分の中に蒔かれた種を、よく育み、立派に実らせてほしいと念願します。

何を話してよいか困った場合の解決案

人生の荒波を乗り切る「箸」の力

つかみ

石村君、春乃さん、今日《きょう》はあらためて、おめでとうと申し上げます。

日頃会社で顔を合わせ、仕事上のことで二人に限らず叱ってばかりいるほうが多い私ですが、本日はお二人にとっては第二の人生のスタートでありますから、何か役に立つ話を、と考えたのですが、浅学非才《せんがくひさい》の私は、何をお話ししてよいのか迷っております。

展開

さて、皆様の目の前、私の目の前に箸《はし》がございますが、箸にはどんな意味があるかご存じですか？　箸は日本人の精神構造に大きな影響を与えているのです。

その第一は、箸は「生命力の象徴」とされていることで、〝箸を使う〟とは〝生きる〟ことと同じ意味があるというのです。「箸が使えなくなったらおしまいだ」ということばがありますが、健康な人が箸を使えなくなるということは、ものを食べられなくなることであり、生きていくことが難しくなることを示すものです。ですから、昔から箸には使う人の強烈な生への願望が込められてきました。神社仏閣から授けられる神箸《かみばし》、霊箸《れいばし》が、「長寿箸」「延寿箸」「福寿橋」「厄除《やくよ》け箸」「繁栄長寿箸」などの名前で呼ばれているところをみれば、日本人が箸にいかに延命長寿、無病息災、厄除け開運の祈りを込めているかが理解できます。

第二に、箸は「結合の象徴」とされたことです。昔から日本人は神祭りの供物《くもつ》を一緒に食べたり、同じ釜の飯を食べたりする共食信仰があります。箸を使う宴は、

POINT

結婚式にふさわしい物品のいわれや物語を引用して、お祝いのあいさつとするのもひとつの方法です。ただし結びはしっかりと。

人びとの心をやわらげ、しっかり結びつけます。村人たちが共同で行った神祭りには、清い霊木で箸を作り、神への供物とともに供《そな》えました。その神箸を使って人びとは供物を分け、神とともに食べました。現在でも多人数でお茶を飲むとき、漬物やお菓子を同じ一膳《いちぜん》の箸で、それぞれが小皿に取って手で食べる風習があるのはその名残《なごり》で、この神箸によって、人びとは神と呼ばれるとともに、共同体の構成員であることを確認したのです。

昔、一寸法師《いっすんぼうし》がお椀の舟に乗り、箸の櫂《かい》で漕《こ》いで都にのぼり、箸の持つ強い力で鬼を退治し美しいお姫様と結婚して、出世した話はご存じのことと思います。箸は悪鬼邪霊《あっきじゃれい》を払う呪具《じゅぐ》であり、一方で男女の「かけはし」であることがうかがわれます。また、最近は箸を上手に使えない子どもや若者が増えています。箸には食事をするだけではなく、はさむ、つまむ、支える、運ぶという4つの機能があり、どれも皆、集中力と持続力が要求され、教育的波及効果は大きいと言えます。

新郎は、一寸法師ではございませんが、春乃さんという美しい女性と結婚されたわけですから、箸の持つ強い力で人生の荒波を乗り切っていただきたいと思います。また、この宴に出席された全員は、神箸によって結ばれた共同体の構成員であることを確認いたしたわけでございます。

結び

今後のご活躍とお二人のお幸せを全員で念願し、ごあいさつといたします。

経験に基づいた夫婦円満の秘訣を語る

思いやり・感謝・おいしい食事

ご結婚おめでとうございます。ただいま司会者様からお話がございましたように、智宏君のことも、そして聖子さんのこともまたとない良縁と存じ、ご両人の上司として喜びにたえません。またご両家の皆様、とりわけご両親のお喜びは、これにすぎるものはないと存じまして、心よりお祝いを申し上げます。

新郎の智宏君が当社に入って参りましたのは5年前、すぐに総務課に配属され、以来、私と一緒にやって参りました。また新婦の聖子さんが参りましたのは1年前で、最初は人事課におられたのですが、総務課に配置替えとなり、私の部下となり、智宏君と机を並べて仕事をするようになり、いつしか二人の間に愛が芽生え、今日《きょう》に至ったわけでございます。その間のいきさつについては、本日出席している同僚が話をしてくれるでしょうから省略させていただきます。

さて、二人のお祝いのことばを述べなければならない私ですが、いつも会社で顔を合わせ仕事をしていますし、もともと、こういった改まったあいさつは苦手でございまして、今、こうしてしゃべっている間も緊張で冷や汗をかいているというありさまなのですが、それをおしてあいさつを述べさせていただきます。

先ほどから皆様方のお話をうかがいましても、この二人の組み合わせは実に好ましいというので衆目《しゅうもく》の一致するところのようでございます。

矢田家の教育方針は独立独歩《どっぽ》と申しますか、小さいうちから自分でできることは

つかみ

展開

POINT

上司の体験的実感として、新郎には思いやりと感謝の念を、新婦には家庭の味作りをするよう意見を述べ、はなむけのことばにします。

自分でやらせ、親は遠くからそれを見守るということが特徴のように智宏君ご本人からうかがっております。そのためでしょう。新郎の智宏君は、よい意味で自己主張のはっきりした社員で、こうと決心したら、どこまでもやり抜く強さをもっております。

一方、新婦の聖子さんもこれまたよい意味での日本的なお母さんのやさしさ、あたたかさの中で育まれてこられたような気がいたします。それは、実にやさしくて、気立てのよいお嬢さんということから想像できます。

二人が結ばれたのは、新郎の押しの一手か、新婦が柔よく剛を制したのかわかりませんが、老婆心ながら、ひとこと注文を申し上げれば、智宏君には、妻に対する思いやりと感謝の念をいつも忘れないようにしてほしいということであります。また、聖子さんには、わが家の味を作りだすことをお願いいたします。夫がもっとも喜ぶのは、美貌でも美しい衣装でもなく、わが家でリラックスしながら食べるおいしい食事であります。

これは私の体験的実感に基づいた意見でございますが、ここにいらっしゃる皆様方も、きっとわが意を得たりと思ってくださることと確信しております。

結び

人生の花盛りともいえるお二人が、さらにお幸せになられるよう祈っております。本日はおめでとうございます。

コラム

写真撮影時の注意点

挙式場内での撮影

厳粛な雰囲気をこわさないように気をつければ、許可をしてくれる式場も多くなっていますが、絶対に禁止という教会や式場も少なくありません。また「フラッシュ撮影は禁止」の場合もあるので、事前に必ず確認しておきましょう。なお、式場内は狭いので、撮影者が多くなって厳かな雰囲気を薄れさせないよう心がけましょう。

記念写真

新婦が和装ならば腰掛け、洋装ならば立つのが普通です。しかし、新郎よりも新婦のほうが背が高い場合は、洋装でも腰掛けさせます。そして、２人の上体は心持ち向き合うようにします。参列者一同の記念写真の場合の並び方は、中央から向かって左が新郎、右が新婦、新郎の左から仲人、新郎の両親、兄弟姉妹、新婦の右に仲人夫人、新婦の両親、兄弟姉妹、後列に親戚、友人、知人の順に並ぶのが一般的です。

仲人がいる場合

仲人なし場合

PART

3

同僚のスピーチ

新郎新婦を大いにほめ、盛り立ててあげられるのが身近な存在である同僚や友人のスピーチです。もっとも新郎らしい、もっとも新婦らしい人柄の表れた楽しいエピソードを話しましょう。ただしエピソードは欲張りすぎず、絞ることがポイントです。

同僚のスピーチ
みんな知っていたの巻
わー良子キレーイ
ありがとー
3人とも今日はスピーチよろしくね
まかせて！
ずっと相手が同僚の太郎君っていうの内緒にしててごめんね
社内恋愛だったし…
みんなをビックリさせちゃったかなーって
そんなの気にしなくて大丈夫だよ～
うふふ
ニヤ
ニヤ
続きまして新郎新婦のご友人からお祝いの言葉を――
太郎君良子さん
ご両家の皆様
本日はおめでとうございます

私たちは太郎君と良子さんと同じ会社に勤めております
同僚の 華子 千鶴 愛美 です
二人の仲の良さは部署の全員が知っています
ん?、
毎週金曜は退社時間を合わせたり
有休とるのもいつも一緒
太郎君が風邪で欠勤した時は
良子さんが心配して早退してました
私達はそんな二人がうまくいくよう
こっそりといつもあたたかく見守ってきました
えーみんな知ってたのー!?
ウフフ
アハハ

親しいからこそ知る話で人間性を語る

やさしさを落としたらご一報を！

つかみ

本日は、新郎新婦ならびにご家族の皆様、おめでとうございます。特に新郎のご両親におかれましては、今まで長い間、島田君をお育てになり、ご苦労も多かったと思いますが、この日を島田君よりもきっとお喜びになっておられるのではないかと存じます。

私は会社の同僚であるとともに山仲間で、新郎とは大学の山岳部からお付き合いをさせていただいております。そこで、本日はこの場をお借りいたしまして、山仲間としてのエピソードを少しばかりご紹介させていただいて、ごあいさつに代えさせていただきます。

展開

島田君は、山国《やまぐに》に生まれ育っただけあって、本質的に山好きな人間です。実は彼と海に行ったことがあるのですが、それはフィリピンのマクタン島での話です。マクタン島はセブ島から程近いリゾート地でございます。今日《きょう》もそのときのメンバーが何人か出席しておりますので、きっと、あのことだと思っているでしょうが、船を借りて沖に出た私たちは、思い思いに海に飛び込んで泳ぎ始めました。島田君も飛び込んだのですが、浮かんだり沈んだりしだしたのです。皆は彼がふざけているのだと思ったのですが、実はほんとうに溺れていたのです。船の上にいた数人が浮き輪のついたロープを投げて彼を助けあげましたが、あがってきた彼は、川では泳げるけれども、海では泳いだことがないと白状し、海が澄んでいて、船の上からは

POINT

親愛の情を示そうとするのはよいが、暴露やスキャンダルのようなエピソードはNG。失敗談は、くすっと笑えるものを選びましょう。

底の白い砂まではっきり見えたので、目測をあやまって立てる深さだと思い、飛び込んだのだというのです。おまけに彼は強度の近眼で、いつもコンタクトレンズをしていますが、そのコンタクトをしたまま飛び込んでしまったので、コンタクトが落ちてまわりが何も見えなくなったそうです。

彼にはこうしたのん気なところがありますが、山での彼は体力的にというよりは、精神的に奥の深い強さを認めざるを得ません。ヒマラヤの7000メートル地点で、少ない酸素の中でパートナーが酸欠状態で失神しても、パートナーをしっかりと介助し、ベースキャンプまで凛々しく降りてきた男です。

結び

新婦はたぶん、そうした島田君の男らしい強さも、そして、そこにいるだけで人にユーモアを与える、お笑い芸人のようなユニークさもご存じのことと思いますが、あるとき、彼が私に「女の子に対するやさしさを、僕は落としてきてしまったみたいだ。早く拾ってこないと、女の子にモテなくて困るんだよ」と言ったことがあります。今、島田君はやさしさを拾ったからこそ隣に新婦がおられるわけですが、もし、彼がやさしさを落っことしたときには、山仲間たちにご一報ください。もう一度やさしさを拾い直すよう、きっと私たちが前島君に忠告いたしますから。しかし、お幸せそうな二人を見ていると、今、その必要はないようですね。

何はともあれ、おめでとうございます。

旧悪《きゅうあく》より、深い付き合いならではの話を

われわれの模範となる家庭に

つかみ

今日《きょう》はおめでとうございます。

昨年の秋もそろそろ深まろうとする頃、東京駅近くの喫茶店で、武田君から新婦優香さんの写真を見せられまして、結婚の話を聞かされたのですが、彼がこんなに早く結婚するとは思ってもいませんでした。

今まで、司会者様や多くの方々のスピーチにもございましたように、彼は元来、慎重に行動するほうでして、さっと早く決めるタイプではないものですから、誰もが、ちょっと意外に思ったのではないでしょうか。

その彼が、こんなに早く結婚に踏み切ったのですから、新婦はよほど素晴らしい女性だろうと想像しておりましたが、今日ここで初めてお目にかかりまして、非常に心の優しそうな方のようにお見受けいたし、なるほどと合点《がてん》がいったわけでございます。

展開

新郎は、今までの皆様のお話だけで判断いたしますと、堅物《かたぶつ》で、コッコツ勉強ばかりしていて、あまり面白味のない人間のように思われそうですので、今までの方が話されなかった彼の別の一面をご紹介いたしたいと思います。

武田君と私が初めて知り合ったのは、大学に入って間もないサークルの新入部員歓迎会の席でした。

先輩方や、同じ新入生など総勢100名はいたかと思います。そこで、順々に自

POINT

キャラクターが確立していてエピソードが重なりそうなときは、自分だけが知る新郎の人間性豊かな面を披露するとよいでしょう。


己紹介をすることになりました。皆、緊張で名前と学部を言うのが精いっぱいでした。そんな中、最後から2番目で武田君の番が回ってきました。

武田君は、「これだけ大勢の方が自己紹介をしても、僕の名前や出身高校なんてすぐに覚えてもらえないと思います。なので、歌います」と言って、即興で、自分の名前や学部、好きな音楽や映画などを盛り込んだ歌を歌い始めたのです。先輩方の手拍子も始まり、大盛りあがりでした。次の順番、すなわち最後が僕の番だったのですが、これはもう、歌うしかありませんでした。

それ以来、私と彼とは仲良くなり、ノートを貸したり借りたりして、学校を卒業した後も、現在の会社で机を並べて仕事をしておりますが、会社での勤務時間中や仕事帰りの付き合いでも日常の些細《ささい》な事柄にユーモアを見出し、それを短いことばで表現する鋭いセンスを披露しており、われわれ同期生の中心人物でございます。

結び

そういう彼ですから、これから先、お二人で幸せな生活を築いていかれることだろうと期待しております。

これから結婚するわれわれにとって、模範となるような家庭を作っていただきたいと思っておりますので、ときおりお邪魔させていただきます。新家庭をじっくり拝見させていただくつもりでございますから、そのときは優香さん、よろしくお願いいたします。

エピソードと諺の引用でバランスをとる

鈍・根・運を繰り返して歩んで

つかみ

大下君、本日はほんとうにおめでとう。

こうして、美しい奥さんのそばにすまして座っている君を見ていると、ともに学び、よく遊び、よく議論し合った時代の君の姿が、今ありありと目に浮かんできます。そして社会人となった現在、会社は同じでも課が違うことから、学生時代のようには参りませんが、同僚としてこの席に出席し、こうして祝辞を述べる機会を与えてくれたことに、感謝いたします。

展開

本日は、特におめでたい席上でありますので、あまり旧悪《きゅうあく》を暴露することは差し控えさせていただきますが、実は昨年、彼より一足《ひとあし》先に、ちょうど現在の彼の状態におかれ、私が生まれて初めて秀才であることを媒酌人から披露され、小鼻《こばな》をふくらませて優越感にひたっておりましたところ、彼があいさつに立ち上がり、私が学生時代に試験のたびごとにノートを借りてまわって四苦八苦していたこと、点数がギリギリで、何とか及第点を付けてもらうために、夜中に教授宅を訪問してねばったことなどを暴露し、おおいに男子の面目を丸つぶれにされた遺恨が残っておりますので、ここで彼にちょっと仕返しをさせていただきます。

そのとき彼が私に言ったことは、簡単に言うと、主語を置き換えてみれば、それで事《こと》たりるわけであります。ここで1年ぶりに貸し借りをなくし、大変愉快な気持ちがしております。しかし、実を言いますと、このことは複数に置き換えていただ

POINT

お互いに何でも言える間柄だとしても、おめでたい席ではほどほどに。さまざまな人が聞いていることを意識してまとめます。

きたいのでございます。すなわち、今お話いたしましたことは、彼と私の二人が用いた常套《じょうとう》手段であったことを白状いたし、ハッピーエンドにいたします。

ところで、彼の性格の一端を示す古めかしい諺《ことわざ》を一つ引用させていただきます。よく「運」「鈍」「根」が人生で必要な生活信条といわれておりますが、私は逆に、これを「鈍」「根」「運」に置き換えたいのです。

われわれ青年にとっては、当初は「鈍」にして結構、最初からエリート意識は捨てよう、そうすれば、人生の荒波を渡るのにたゆまざる不屈《ふくつ》の根性をおおいに養う必要が生じてきます。その「根」の課程を通って、初めて「運」も開けてくるというものです。

結び

彼の第一の人生は、社会に出てからも、誰にも負けない研究心と、旺盛《おうせい》なファイトをもって人生に処したからこそ、このような立派な女性を迎えることができたわけであります。これからは、彼の第二の人生が門戸を開けて待っております。どうかお二人でいつまでも仲よく、手を取り合って、また「鈍」「根」「運」の順を繰り返しながら、人生の道を歩き続けていかれることを祈ってやみません。私はお二人の栄《はえ》ある門出を心から祝福して、杯をあげさせていただきます。

これをもちまして、私の、お二人に対するお祝いのことばに代えさせていただきます。最後にもう一度だけおめでとうと言わせてください。おめでとう！

ただ一つの弱みとして、純情さをアピール

彼は純情なスーパーマン

つかみ

蓮見君とはまいにち、机を並べて仕事をしております川相です。同僚の一人として、心からお祝いを申し上げます。

蓮見君と私は同じ営業課に属しておりまして、毎日顔を付き合わせて仕事をすると同時に、ともによく飲み、ともに遊ぶ仲間であります。

展開

彼は、ゴルフはシングル、麻雀も強く、競馬はわが社の神様と言われるほど博才《ばくさい》に長じ、酒を飲ませればボトル1本は軽くあける男であり、そのうえ、語学は英語はもちろん、中国語、韓国語にも強いというほどの、私から言わせればスーパーマンのような男でありますが、ただ一つ、彼の弱みは女性でありました。

といっても、**けっしてモテないという意味ではなく、ひそかに彼を思う女性も多かったのでしょうが、彼自身は大変な照れ屋で、どのように女性を扱ってよいのかわからないといった調子で、その点では実に純粋な青年だったということがわかります。**

私が「だった」と言いますのは、皆様方にもお察しいただけると思いますが、その純情な青年が、いつの間にかこんなに美しい女性を射とめていたからであります。

いったい、いつ、どこで知り合ったのか、彼から結婚すると聞かされたとき懸命に問いつめたのですが、彼はニヤニヤ笑ってばかりでついに口を割りませんでした。

そして今日《きょう》、この披露宴で、皆様のお話から、新婦のさくらさんとは学生時代か

POINT

女性の扱いを知らない純粋な男であることに重点をおいて話すと、新婦ただ一人を愛してゴールインしたことが強調されるスピーチに。

らの交際であったと聞いて、唖然《あぜん》としたわけなのであります。

あの純情ぶりは、むしろ仮面だったのでしょうか。しかし、女性を前にして、蓮見君が困っている様子を何度も見ている私には、あれが仮面であったとは信じられません。

とすると、さくらさんとは長い付き合いであったゆえに、彼も心を許して、くったくなく付き合えたのではないでしょうか。つまり、さくらさんこそ、蓮見君にとってただ一人の女性であるということができるのではないかと思うのです。

「異性を知るためには、たくさんの人と付き合うのも一つの方法だが、一人の人間と深く付き合うのは、もっとよい方法である」といわれます。

深く静かに潜行して、さくらさんという最高の妻を得た蓮見君のような人間が、私の身近にいたということは、私にとっては非常に感激であります。

およばずながら、私も少しでも蓮見君に近付くべく努力をしようと思っております。そして、結婚によって、蓮見君がこれまで以上に大きく成長されますことを願ってやみません。また、深く静かに潜行して、今日、浮上したお二人は、ものの考え方や価値観が一致しておられるのですから、きっとよいご夫婦になられることと確信いたしております。

結び

蓮見君に心からおめでとうを言いたいと思います。

人を引きつける新郎の人間的魅力を語る

結婚でさらなる成長を！

つかみ

城崎さん、おめでとうございます。喜びのことばをひとこと述べさせていただきます。

私と城崎さんとの付き合いは、まだ1年ほどにしかならない短いものでございますが、城崎さんが私に与えた影響は計りしれないものがあります。

展開

私は○○鉄道に勤めておりまして、城崎さんの勤務しておられる△△鉄道の組合との共闘会議に出席して、城崎さんと知り合いになったわけでございます。そのとき以来、**組合を通じて研修会などで何度かご一緒するようになったのですが、そのたびに城崎さんの緻密《ちみつ》な論理、思慮深い行動、そして誰をも納得させる説得力などに、私はもうすっかり感服してしまい、城崎さんの人間的魅力のとりこになってしまったのです。**

そして、城崎さんのような優秀な人間を持つ△△鉄道ならびにその組合を、大変うらやましく思っております。

組合というものは、中に入ってみますと、これがなかなか難しいものでございまして、条件も考え方も違う大勢の組合員を、とにかく一つにまとめあげるためには、大変な努力が必要とされます。

まして、同じ鉄道の仕事をしているとはいえ、違った会社の組合が共闘を組むというのは、並大抵のことではありません。お互いに思惑がありますし、足の引っ張

POINT
過剰に新郎を持ち上げすぎて、嘘っぽくならないように注意。仕事上の専門用語を多用して聞きづらくならないよう気を配りましょう。

り合いもないとは言えません。

しかし、その中にあって、城崎さんは、どの組合からも全幅の信頼を寄せられておりますし、私は、城崎さんに労働組合運動の何たるかを教えられ、それ以上に人間として、どうあるべきかを教えられたのです。

新婦もまた、城崎さんと同じ会社の組合専従者とのこと。他組合の私が城崎さんの人間的魅力にすっかりとりこになったほどです。同じ組合にいて、男性と女性であれば、今日《きょう》このような結果になるのは自然なことだと思います。私は新婦がうらやましく思えるほどでございます。

また、このように素晴らしい男性とその奥様が、結婚後は私どもの○○鉄道沿線に新居を構えるとお聞きしました。これは私にとって非常に感激であり、およばずながら、私も城崎さんに優るとも劣らない人間に成長すべく、努力いたしたいと思っております。

結び

同業他社の組合からも全幅の信頼を寄せられている城崎さん、結婚によって、これまで以上に大きく成長されますことを願ってやまないと同時に、私へのご指導もよろしくお願いいたします。

何か、結婚のお祝いにはふさわしくないようなごあいさつになってしまいましたが、城崎さんのお幸せを心からお祈りいたします。

思い出を語り、変わらぬ付き合いを誓う

今後ともこりずにお付き合いを

つかみ

新郎の坂上君とは大学で知り合い、勤務先でも同僚の芝本です。

坂上君、今日はほんとうにおめでとう。私の大学生活4年間は、坂上君とは切っても切れないものであり、これが親友というものかと思ったこともたびたびありました。もっとも坂上君から見ると、私は悪友と言うべきかもしれません。卒業後も同じ会社に勤めることになろうとは、坂上君は思ってもいなかったことでしょうが、私に言わせれば〝腐《くさ》れ縁《えん》〟と言うべきことです。

展開

それはさておき、まったく坂上君ほど気持ちがよく、付き合いのいい男はありません。とにかく頼まれるとイヤとは言えない性格で、それをいいことに何度も無理なお願いを聞いてもらってきました。旅行に行ってお金がなくなったからと迎えに来てもらったり、下宿先の自分の部屋があまりに汚くて、2日がかりでそうじを手伝わせたりしておりました。

ですから、私には、本来こういう晴れがましい席でごあいさつをするような資格はなく、せいぜいこの会場の隅っこで「イヨーッ、うまくやったな！」とうらやましげな声をあげるぐらいが相応と言えましょう。しかし、立ち上がったからには、言わせていただきたいことが私にはあります。

それは、坂上君ほどいい男はいないということです。私ども悪友がどんなにひどいことをしましても、彼はいつもニコニコしていて、けっしてあとで不平を言った

POINT

たとえ悪友だったとしても、お世辞でも新郎の長所を話した方が好感が持たれます。この機会に普段言えない感謝を述べるのも◎。

り文句を言ったりしませんでした。いつもキョロキョロと落ち着かず、新しいものにすぐに飛びつきたがる悪友どもの中にあって坂上君は、常に落ち着き、どっしりと構えて、一人静かに自分のペースを守る男です。それでいて、ふざけた話に余念がない私どもが、何か困ったことを前にして意気消沈しているようなときは、その陰気な雰囲気を軽妙にいなすようなしゃれたユーモアも言ってのけるのです。

彼は、私ども悪友とは違って、いわゆる中国でいう〝大人《たいじん》〟の風格をあの頃から持っていたのではないかと、今にして思うのです。年をへて彼の大きさがよくわかるようになり、前にもまして偉大な男になっているなと、改めて感じました。

結び

そういう坂上君のよさを理解できる女性が、この頃の若い女性の中にいるのだろうかと、実は内心、勝手に心配していたのですが、3カ月ほど前、今日の新婦にお会いして、それがまったくの杞憂《きゆう》であったことをさとりました。あれほど付き合いのよかった坂上君も、今度ばかりは私どもをさしおいての一番乗りです。しかし、悪友どもが何を言うことがありましょう。美しい花嫁さんを得るためにも、私も坂上君を見習って、少々のことでは動じない一人前の男にならなければ、と反省しているところでございます。

とにかくこれからも今までの悪友ぶりに、こりずお付き合いをお願いいたします。

本当におめでとう！

つながりのある話題をスピーチに入れる

美しい星をつかまえた新郎へ

つかみ

近藤君、美子さん、おめでとうございます。

近藤君とは高校時代、私が2年のときに九州から転校してきて、右も左もわからず、九州なまりのためにしばらくは級友となじめず、困っていたときに知り合いました。

そのときに隣りの席にいたのが近藤君でした。当時、大学入試を控えて、教科書の進み具合も違うことに私は大きな不安を抱いていたのですが、そんなとき、近藤君はほんとうに親切にアドバイスしてくれました。

展開

その後、親しくなるにつれて、近藤君も私と同じように、天文学と言うと大げさですが、星や天体に非常に興味を持っていることがわかり、お互いの家を行き来しては望遠鏡をのぞきこんだり、知識を交換し合うようになりました。

大学はそれぞれ別の学校に進学しましたが、サークルで他校と合同研究、観測をした際に、期せずして近藤君と再会、職場も同じところになりました。

職場でも、惑星に興味をもった二人が相談して、とうとう惑星サークルを作り、6人ほどの仲間と、ああでもない、こうでもないと情報を交換し合っては楽しんでおり、それはつい半年ぐらい前まで続いていたのです。

しかし、近藤君は、半年ほど前からサークルの会合にときどき欠席するようになり、頻繁に来ていた私の家にも、前ほど姿を現さないようになりました。

POINT
趣味の合う友人なら、その趣味になぞらえた表現方法をスピーチに折り込むと、上品で気の利いたあいさつになります。

私は、ついに彼の惑星熱も冷めたのかなと思って、職場で近藤君に問いただしてみましたところ「実は美子さんと交際して半年になる。結婚準備も着々と進んでいる。サークルの会合をときどき欠席して悪いが、よろしく頼む。結婚式の日どりが決まれば、正式に案内状を出すから、それまで黙っていてほしい」と言うのです。

彼は、遠い空の手のとどかない星ではなく、もっと確かで身近な、しかもよりいっそう美しく輝く美子さんという星を、しっかりとその手につかまえていたというわけです。

美子さんという星が、はたして近藤君を照らす太陽か、それとも近藤君の光に照らされて輝く月であるかは、これからしばしば新家庭にお邪魔して、じっくりと観察させてもらおうと思っております。

結び

それから美子さんにひとこと、先にもお話しいたしましたように、近藤君は親切でやさしいところがある反面、あなたとのことを親友にまでひたかくしにするほど照れ屋なところがありますが、惑星サークルの会合では、こうと思ったことはあくまで貫き通す強情さ、といって悪ければ粘り強さを持った男です。彼の良いところも悪いところも十分に知っているつもりですので、彼のことで何か困ったことがあったら、およばずながらお力添えをさせていただきたいと思っております。

前途が幸福と栄光に満ちたものでありますよう、お祈りいたします。

学生時代に新郎に救われた経験から

初志貫徹という力強さを家庭にも

つかみ

永山君、雅美さん、おめでとうございます。

永山君と私とは中学時代の同級生ですが、その後は進む道が違い、クラス会でもなければなかなか会う機会がなかったのですが、このたび縁あって、同僚として一緒に仕事をしている下山です。

3年間、同じ学校で机を並べて勉強した永山君が雅美さんというよき伴侶を得て、結婚式をあげられたかと思うと、何か感無量という感じがいたします。

展開

お互いが知り合ったのは十数年前、永山君と私とは鉄道ファンで、今日はどこそこの電車、明日はあちらの電車とばかりに、休日ごとに近郊の電車に乗っては、その成果を報告し合っていたものでした。

そのうちに、だんだんそれだけでは物足りなくなって、どうしてもカメラで写して、と言っても中学生のことですから、もちろん自分専用のカメラなど持っているはずもありません。そこでお互いに、親に必死の思いで買ってくれるように頼みこんだのですが、中学生がカメラなどぜいたくだと言うわけで、まるで取り合ってもらえませんでした。

その頃、私の父は雑誌社に勤め、趣味でカメラをいじっておりましたので内緒で持ち出し、撮影中に壊してしまい、こっぴどく叱られたこともありました。

それでもどうしてもあきらめきれず、2人で相談してアルバイトをしようということになり、私は新聞配達を、永山君は牛乳配達をすることになり、何カ月か続けたのです。

その間、学校で居眠りをしては先生に怒られたりしたものですが、ついにそれでもやり通して、カメラを手に入れたときの感激は、今でも昨日のことのように覚えております。

途中、私は朝早く起きるのがつらくて、もうカメラはいらないと投げ出しかかったものでしたが、永山君は「自分でいったんやると決めたことなんだ。最後までやろうよ」と、しぶる私を励ましてくれたのです。
13、14歳の少年時代に、とにかく何かをやり遂げたという実感を持てたということは、今にしてみれば貴重な体験であったと思うのですが、それは永山君の粘り強さに引っ張られてできたことでした。

POINT
新郎のおかげだと今でも感謝している思い出を語り、そのときの教訓を引き継ぐ形でスピーチを結ぶとスムーズにまとまります。

結び

私は現在、永山君と同じ会社で新型カメラの研究開発、製作をやっておりますが、これも永山君のおかげと感謝しているしだいです。人間、何が縁で親友となり、また、男女が結ばれるかわかりません。出会いはどうでもよろしい。問題は、いかに努力し合うかということだと私は思います。

永山君、あくまでも初志貫徹という君の力強さを、これから先、仕事に家庭に十分に発揮して、今後ますます発展されることを期待しています。どうぞお幸せに。

学歴だけでなく、人間性をピックアップ

新郎はかめばかむほど味のある男

つかみ

原田君おめでとう。司会者様からお話がありました樹里さんという立派な女性と結婚され、今日《きょう》、この日から一人前の男として出発するわけです。

私は、原田君と同じ大学を同期生として卒業しましたが、彼は大学院に残り、4年の博士課程を終えて私の勤める会社に入社いたしました。ですから会社では私が4年先輩になるわけでございますが、私は独身なので半人前の青二才ということになります。

展開

その半人前の青二才が、今日から一人前の男としてスタートする原田君に祝福のあいさつをするのは、面映《おもは》ゆい気がいたしますが、同僚としての話を聞いていただきたいと思います。大学時代は二人ともラグビー部に籍を置き、合宿で同じ釜の飯を食べた仲であります。ご承知のことと思いますが、大学の運動部というものは、非常に先輩、後輩のけじめの厳しいところです。特に新入生時代は、人に言えぬほどの苦しい練習が続くものです。

私もそうですが、原田君もそういった厳しさや苦しさの中から、貴重なものを学び取ったことと思います。私があえてこういった運動部の厳しさや苦しさを言うのは、試練を乗り越えた人間は強さを持っていることを伝えたいからです。それは単に力の強さだけではなく、困難に耐え、一人の情を解する強さです。大学院を終え、社会に出てからの原田君の活躍は、先ほど司会者様のお話にありましたように、私

POINT
独身者があいさつをする場合には、結婚して一人前の男として出発する友人への期待とあこがれを表現するとよいでしょう。

と違いまして、誠に前途洋々たるものがございます。これからはさらに大きく、たくましく、一段と成長が期待されるわけです。

原田君も社会人としてスタートしてから5年が経過したわけですが、世間では結婚していない私などのような人間は、半人前としてしか扱ってくれません。**原田君は樹里さんと結婚して、やっと一人前になったわけです。一人前になった以上は、それ相当の覚悟が入ります。よき社会人として、また家庭にあってはよき夫として、十分な務めをはたさなければなりません。樹里さんも同様です。**

原田君のことは、さきほど来賓の方、また上司からお話がありましたが、私も同僚として、人柄、仕事ぶりは保証いたします。が、今までのお話だけで判断いたしますと、学生当時はラグビーに熱中し、大学院では研究ばかりの生活と、あまり面白みのない人間にように思われた方もいらっしゃるのではないかと思いますので、最後に原田君のために弁護させていただき、あいさつを終わらせていただきます。

結び

彼はスポーツマンですから、野球、ゴルフ、水泳と、私に比べると下手《へた》ではございますが、いちおうはこなします。おまけにコンタクトレンズを落としてまわりが何も見えなくなり、試合を放棄したこともあります。しかし、そこにいるだけで人の気持ちをなごませるようなあたたかい心を持った男だからこそ、私は彼が好きで付き合っているのです。かめばかむほど味のある原田君とお幸せに。

節度ある「暴露」で興味を引きつける

深く静かな愛の火を永遠に

つかみ

小宮山君、おめでとう。同期の一人として、ひとことごあいさつさせていただきます。

思い起こせば、小宮山君との交際もすでに4年を数えるにいたりましたが、彼から申しますれば、私などは悪友の最たる者でありましょう。

マージャンや、ちょっと一杯などと誘うのはたいてい私のほうでありまして、それにまた、のこのこついてきては負けたり、飲み代を支払ったり……。これが小宮山君のいいところでありました。

展開

今、私は「ありました」と過去形に使いましたのは、6カ月前までのことだからです。例によって、私たち悪友が相談して小宮山君をマージャンに誘ったのですが、残業を理由にして仲間になろうとしません。仕方なくマージャンはあきらめ、ツケのきく近くの飲み屋に足をすすめているときでした。

残業を理由に誘いを断ったはずの小宮山君が、足どりも軽く、私たちの前を歩いているではありませんか。おかしいと直感した私は、仲間には言わず別れて、小宮山君のあとをつけてみました。彼の自宅は上野なので、帰宅方向も全然違います。

地下鉄に乗り、新橋駅で下車。私も彼に見つからないように気を使いながら下車して、なおも彼をつけました。

着いたところはおしゃれなカフェ。私と付き合っていたころは、マージャン屋と

POINT

デート現場を発見したエピソードを入れる場合でも、デートの暴露ではなく、新郎の純情ぶりにポイントを置いて話しましょう。

飲み屋ばかりでしたから、彼がそのカフェに入ったときは驚きました。私は顔を隠すようにして、彼の近くに席をとりました。

しばらくして彼の席に座ったのは、今、小宮山君の横にいらっしゃる新婦です。今の花嫁姿もおきれいですが、あのときのにこやかなお顔と洗練された洋服の着こなしは、今でも走馬灯のように頭の中をまわっております。

翌日、彼から結婚すると聞かされたとき、私ども悪友は、いったい、いつ、どこで知り合ったのか聞き出そうとしたのですが、彼はニヤニヤ笑うばかりで、ついに口を割りませんでした。

結び

そして、今日《きょう》、この宴席で、皆様のお話から、新婦と小宮山君とは学生時代からの交際であったと聞いて驚いたしだいです。

私たち悪友と付き合っているときの人のよさ、また、わが社の女性社員たちからは純情な青年と言われ、顔を真っ赤にしている小宮山君の姿を見てきた私には、あの純情ぶりがまやかしであったとは思いません。

由美恵さんを愛し、深く静かに潜行《せんこう》してきた小宮山君、この愛の火を、これからの長い結婚生活の中でもたやすことなく、いよいよ盛んに燃え上がらせていっていただきたいと思います。そのためにも今日の感激を、いつまでも大切にしてくださ い。おめでとうございます。

新郎の上司
新婦の上司
共通の上司
新郎の同僚
新婦の同僚
共通の同僚

テーマに合ったエピソードを厳選する

個性を発揮してあなたらしく

つかみ

ご指名にあずかりました谷口でございます。新婦の沙織さんと私は、同じ会社の同じ課に勤めておりますが、家が近いということもあったのでしょうが、何よりも気が合うというのでしょうか、たちまち姉妹のように仲良くなりました。

展開

今は素敵なご主人のそばに座っていらっしゃいますが、彼女はとっても個性的な女性なのです。いつでしたか、一緒にデパートへ出かけました。すると、九州の物産展をやっておりましたので、二人で入りました。いろいろな名産品がありましたが、その中に有明湾《ありあけわん》で捕れるムツゴロウという魚の絵がありました。キョトンとした表情の面白い魚なんですが、容貌は少し奇怪なんです。彼女はそれを見て、面白いと言って、ムツゴロウの絵を買って帰りました。そして、自分の机の上にその絵を飾りました。私は沙織さんて趣味が悪いなあと思いましたので、やめたらって言ったのですが、沙織さんは「この顔○○課の誰々さんにそっくり」といって、ムツゴロウの顔を眺めては笑っていました。

このたび、結婚式の案内をいただき、案内状をみましたら、ご主人の趣味が釣りだと書かされていました。その瞬間、釣りからムツゴロウの絵のことを思い出し、もし魚のムツゴロウそっくりの顔だったら、どうしようなどと変なことを思いながら新郎のお顔を拝見いたしましたら、魚のムツゴロウとは全然似てなくてたいへん素敵な方なので、私はほっといたしました。沙織ちゃん、変な想像しちゃってごめん

POINT

女性の場合は品のない話を避け、ユーモアを交えて語ります。エピソードは、テーマに合ったものを１つか２つ程度に絞りましょう。

なさい。

ところで、沙織さんは、栄養学、特にカルシウムにとても詳しいんです。また、とても歯が丈夫な方でもあり、昼食のとき、社員食堂で私たちはお腹がすいていたので、頭もあげずに食べていました。沙織さんは私の隣りにいたのですが、何やらパリッ、パリッ、パリッという音がしました。はっと顔をあげますと、沙織さんのお皿は魚の骨もなく、きれいになっているのです。そのときの魚は何でしたか忘れましたが沙織さんは、食べる物にも気づかわれる人なんです。

やがて、沙織さんに赤ちゃんが生まれましたら、きっと、その赤ちゃんは歯の丈夫な、いいえ、骨格の強い丈夫な赤ちゃんが生まれることと思います。

ほかにも彼女の個性の強いエピソードは、たくさんありますが、今日《きょう》のあなたは、今までのどんな盛装にも増して美しく思います。こんなにきれいな花嫁さんになったあなたを見て、ほんとうに感無量で、これ以上、お話ができません。あなたはふだんはおとなしく、やさしい人だけれども、茶目っ気を発揮するのは皆が困ったときに雰囲気を盛り上げるためだったように思います。

結び

今日から始まるあなたの新しい人生。苦しいときや困ったときには、あなたの個性をおおいに発揮して、ご主人とともにあなたらしく元気に歩み続けてください。どうぞお幸せに。

新郎のよさをスピーチに織り交ぜる

料理上手な新婦、水泳が得意な新郎

つかみ

本日は、お二人ともほんとうにおめでとうございます。

先ほどから理沙さんの美しい花嫁姿を拝見しておりますと、私たちが以前、結婚というものについていろいろ語り合った事柄が、こんなふうに実現していくのかと思い、感激と同時に不思議な気がして参ります。

展開

私と理沙さんが結婚について話し合ったのは、たいてい会社の仕事が終わり、その後の予定が何もないときでございまして、日比谷公園の近くのカフェや、レストラン、居酒屋、そして、旅行に出かけたときなどでございます。二人で話をした内容はかなり具体的でございまして、例えば相手の方については、身長は何センチぐらいで、職業はどんな内容に就いていて、こんな趣味を持っている人がいいな、という具合でした。そして、いつも最後に、これだけは絶対ね、と決めていた条件は、やさしくて思いやりのある人ということでした。

そして理沙さんは、みごとに理想の第一条件を満たした方をお選びになったわけです。それから、最初のデートのことや、ステキなレディーファーストぶりなど、いろいろ「あの方」についてうかがったのですけれども、そのとき理沙さんがおっしゃった中で、私がものすごく感動したことがございます。

それは理沙さんは何気ない調子でおっしゃったのですが、「ほんとうに私にはもったいないような方だわ」ということばでした。理沙さん自身が優れた方でい

POINT

新郎の人柄などを聞いているなら、お願いというかたちで、新郎の得意なことや長所にふれるのもテクニックの一つです。

らっしゃりながら、相手の方をそういうふうにお思いになるということは、理沙さんのつつましいお気持ちをよく表していると思うのです。もし私でしたら、きっと「相手が来てほしいって言うから、仕方なく行ってあげるのよ」なんて、言うところでしょう。それをそんなふうに、心から尊敬しておっしゃるところに、とても感動いたしました。

このように、理沙さんはやさしいお心の持ち主でいらっしゃるうえに、家庭的な事柄ももちろんよくおできになります。中でもお料理は、学校にもいらっしゃって腕を磨いておられましたから、新郎を毎日ごちそう攻めにするのではないかとうらやましい反面、少し心配になります。

そのほかの趣味も多いものの、ただ一つ、水泳だけが苦手ですが、畑野さんは水泳がお得意とか。夏にはぜひ個人教授で教えてあげてください。

結び

畑野さんは理沙さんに「結婚はゴールインではなく、スタートだ。これからは似合いの夫婦だねって言われるように、お互いに努力しようね」とおっしゃったそうです。そのスタートである今日《こんにち》、こんなにたくさんの方々の祝福と声援の中を、お二人が手を取り合って出発されるということは、ほんとうに素晴らしいことだと存じます。

お二人の今後のご幸福を心からお祈り申し上げます。

新婦の心に寄り添ったスピーチに

85点くらいがちょうどいい

つかみ

秋の空は高く澄みわたり、花の香りもすがすがしい今日《きょう》という日は、恭子さんのお喜びのためにあるかのように、気持ちのよい空気にあふれております。恭子さん、心からおめでとうを申し上げます。恭子さんが、あまりも素晴らしく、ご立派で美しいので、私どもは心を奪われてお姿を眺めております。

展開

恭子さんは、もともと私どもグループの中で、何をなさっても人より優れた存在で、夜空にきらめく星のような輝きを放ち、内には心やさしい誠実味を秘められた方でございます。

私ども同期入社組の中でも、特に仲の良い４人は「四つ葉のクローバー」という名のグループを作っておりますが、私どもはひそかに、恭子さんが、将来人生のよき伴侶とお選びになった方こそ、この世の中でもっとも幸運な星まわりのお方だとささやき合っておりました。そのステキな黄金の的を射止められましたご主人にも本日、お目にかかりまして、お二人並んでいらっしゃるお姿は、とてもよくお似合いで、幸せそのものでございます。

恭子さんの同僚として、素晴らしい新家庭へのご出発に、お喜びと羨望《せんぼう》に、心のテープを五色《いついろ》も十色《といろ》もお二人の胸に投げ入れたい感激でいっぱいでございます。でも、せっかく仲間の一人としてお祝いを述べさせていただく機会を得ましたので、恭子さんのやさしくて思いやりのあるエピソードをご紹介させてください。

POINT

新婦の長所をほめたたえたうえで、完璧な奥様よりも欠点があるくらいでいてほしいと、新婦の肩の力を抜いてあげましょう。

それは、恭子さんが私の家に遊びに来られたときでした。私の家は郊外にあるのですが、家の小さな庭に、生まれて間もない子猫が迷い込んできたのです。

まだほんとうに小さくて、泣き声もミーミーと小さくしか泣けなくて、とってもかわいい子猫でした。きっと親猫とどこかではぐれてしまって、一生懸命に探しているところだったのでしょう。

その子猫にいたずらしようと私の弟たちが飛び出していきました。そのとき恭子さんは、「ダメよ、子猫にいたずらしては」と弟たちを止めました。弟たちは、「イヤだ、つかまえる」と言いますと「ダメ、親猫が探しているわ、かわいそうじゃないの」と、涙ぐまんばかりの顔で説得し、やんちゃな弟たちと親猫を探しに行くことになり、半日ぐらいかかって、やっと近所のお宮の境内にいた親猫を探しあてたのです。そして「もうけっしてはぐれちゃだめよ」と言って、子猫をそっと離してあげました。

結び

こんな恭子さんをお嫁さんにされる殿村様は、ほんとうにお幸せな方です。きっと愛情に満ちあふれた豊かなご家庭を築かれることと思いますが、私どもからの恭子さんへのお願いは、満点の奥様にならないでほしいということです。完全な奥様は何となく憎《にく》らしいものでございます。ぜひ、私たちにも手が届く存在として85点くらいで、これからの人生を歩み続けていってください。

職場を離れることを惜しみつつ祝福を送る

これからは旦那様に特別なお茶を

つかみ

明日香さん、ほんとうにおめでとうございます。

今日《きょう》のこの晴れ渡った空と同じように、ウエディングドレスを着た明日香さんのお顔も晴れ晴れとしていて、今までで一番おきれいなので、思わずうっとりしてしまいました。

私は明日香さんの同僚の一人として、このお祝いの席に出席いたしましたが、祝福のあいさつよりも、今日は明日香さんのお茶くみ名人の話をさせていただこうと思っております。

展開

会社でのお茶くみは、何と申しましても私たち庶務課の仕事の一つで、お客様に日に何回となく、お茶を入れて差し上げます。つまらないと思えばつまらないし、女子社員の中には「私は、お茶くみをするために、この会社に勤めたわけではない」と、拒否する人もおられますが、それなりの意義を認めることもできる仕事でございます。

でも、どちらかと言えば、私たちは仕方なくというか、上の人に言われるからお茶を入れるという感じでやっておりました。

ところが、4年前に明日香さんが入社なさってから、様子が一変いたしました。と、申しますのは、明日香さんの入れたお茶がおいしいと評判になったのです。もちろん、お茶の葉も急須も同じで、見ていても私たちと特に変わった入れ方をしている

POINT

堅苦しいあいさつよりも、新婦の特技やそれに類する話をしたほうが、宴席の雰囲気をやわらげることができます。

わけではありません。

明日香さん自身も「特別に意識して入れているわけではない」とのことですが、それでもなぜか彼女が入れたお茶をお客様に出しますと、「これはおいしいお茶ですね」と言われるのです。

最初は、私たち皆で不思議だ、不思議だと言っていたのですが、そのうちに、皆、明日香さんを見習おうということになりました。全員、心を込めてお茶を入れるようになりまして、男性社員からは「この頃、お茶がおいしくなったね。お茶の葉を変えたの」などと言われることが増えました。

結び

明日香さん、今日からは拓也さんのために、おいしいお茶を心を込めて入れて差し上げてください。

その一杯が、必ず拓也さんの一日の疲れを吹き飛ばすことでしょう。

そして、ときには会社に顔を見せていただき、お茶の入れ方を指導してください。そのときには、あなたの好きなお菓子を用意して、私たちはいつでも歓迎いたしますので。

それでは、どうぞ一刻も早く楽しく明るいご家庭をお築きになられますよう、陰ながらお祈り申し上げます。

明日香さん、お幸せに！

仕事とプライベートの能力の高さを語る

器用で頭のよい新婦の幸せを願う

つかみ

裕美さん、ご結婚おめでとうございます。

ひときわお美しい今日《きょう》の裕美さんを目の前にして、私も早くよい人を見つけたいと、心からうらやましく思っております。

裕美さんとは、営業部の庶務という仕事を2年間ご一緒させていただき、何かと教えていただきました。

展開

営業部というところは、会社にとりましてはお客様に接する第一線でございますし、男性の方々も、その日の成績によってイライラしたり、気が荒くなったりするようでございます。ですから、私どもは細かく気を使って、少しのミスもしないことを要求されます。

裕美さんは、その点で私たち女性社員の鏡とも言うべき人でした。

電話があればわかりやすくメモを残す、伝言すれば必ず正確に相手に届く、計算は間違ったためしがない、することにそつがない。これは、私どもの部の男性が、裕美さんについて語ったことばですが、そんなわけですから、男性の方たちは、裕美さんに安心して仕事をまかせていらっしゃいました。

そこへいくと、私は計算は間違える、言われたことは忘れる、いろいろミスはするで、何ともお恥ずかしいのですが、裕美さんは、そんな私をいつもかばって、何くれとなく面倒を見てくださったのです。

POINT

仕事で有能な人は、何をやってもできることを強調するだけでなく、新婦のやさしさを加えると話にやわらかさがでます。

それと私がびっくりしましたのは、裕美さんのお家に遊びに行ったときです。優秀な裕美さんですから、私は何となく、彼女を仕事一途の女性だと思い込んでいました。

ところが、裕美さんは、レース編みや刺繍《ししゅう》がとてもお上手で、裕美さんの家には、彼女の作ったテーブルクロスとか、壁掛けとか、クッションなどがいっぱいあるのです。

それも、ほんとうにみごとで素人技とは思えないような、素晴らしいできばえなのです。私はつくづくと、仕事で有能な人は、何をやってもよくできるのだなあと思ったほどでした。

ご結婚を前にして、裕美さんは新家庭で使うためのカーテンやクッション、枕カバーなどせっせと作られたそうです。

結び

何ごとにも器用で、頭のよい裕美さん、きっとご家庭にあっても、素晴らしい奥様になられることでしょう。私個人といたしましては、いえ、私ども営業部といたしましても、裕美さんという素晴らしい方を失う悲しみと、一日も早くお幸せな奥様になってほしいという願いとが交錯いたしまして複雑な気持ちなのですが、とにかく、よき伴侶をえられましてゴールインなさる裕美さんの前途を心から祝福いたしまして、あいさつとさせていただきます。

のろけ話をうらやむ形でスピーチを構成

ずっとお互いを思いやる二人で

つかみ

おめでとうございます。

瑤子さんと私とは、年齢は私が２つ下ですが会社の入社は同期。入社以来、瑤子さんと私とは二人三脚で仕事を続けてまいりました。

私が今日《こんにち》まで、どうにか遅刻や欠勤もせず、仕事に大きなミスもなく続けてこられましたのは、瑤子さんのお陰だと感謝しております。

展開

とても几《き》帳《ちょう》面《めん》な方ですし、数字に強い方でいらっしゃったものですから、瑤子さんが結婚なさるとうかがって、それでまた、その相手の方が理科大をご卒業なさった方だとうかがって、とたんに、何か、とうとう私とは別世界へ行ってしまったような……、ごめんなさい。そんなお二人の家庭生活も想像できなくて、瑤子さんは大丈夫なのかと、ちょっと不安だったんです。

それで、ある晩、仕事帰りに新宿で、二人でいろいろお話をしましたところ、どうしても、〝彼〟の話になるわけです。どういうお方かと私が聞かなくても、瑤子さんったらペラペラしゃべりだすんです。

「彼ったらイヤんなっちゃうのよ」っていうものですから「どうして？」と聞きますと、「あいさつは下手で、お酒は飲めなくて……」という話なんです。「あらそう」なんていったら、「よく考えてみたら、高校生みたいなの。でも、最近の高校生はしっかりしているから、中学生か小学生みたいね」っておっしゃるんです。

POINT

同僚であっても、会社内の仕事上の話より、退社後の雑談の中から何気ないエピソードを披露したほうが、新婦の人柄が伝わることも。

そんなふうに〝彼〟のことを話す瑤子さんは、とってもうれしそうで幸せそうでした。

そんなことから、いろいろ楽しいお話をうかがったんですけれども、そのうちに、風邪がはやっていた時期が参りまして「風邪ひいた？」って聞いたところ、「全然ひかないの」って言うわけなんです。瑤子さんはそれまでもよく風邪をひいていたのですが、今年は思いつく限りの対策をとって気を付けたのだそうです。

それもすべて〝彼〟のためだったようで、「だって、今までみたいに無理なんかできないんですもの。彼もあまり丈夫なほうじゃないでしょう。だから風邪をひかないように、私のほうが気を使っちゃった」という話なんです。

そして、いつもは風邪をひきやすい〝彼〟もまた、風邪をひくことはなかったのだそうです。

その様子は、それほどまでに瑤子さんに思っていただける〝彼〟に、私が思わず嫉妬してしまうほどでした。

結び

そういうあたたかい心の触れ合いのあるお二人ですから、これからも、大変立派なご家庭ができるのではないかと思います。

どうぞ、世界一お互いがお互いのことを思いやる、素敵なご家庭を作ってください。瑤子さん、お幸せに！

気丈な新婦の心の支えとなるようお願い

新郎にはめいっぱいに甘えて！

つかみ

紘子さん、ご結婚おめでとうございます。会社の同僚として、遠慮なく物を申し上げる私ですから、今さらという気もいたしますが、改めまして、ひとことお祝いを申し述べさせていただきます。

紘子さんは非常に心の広い、おおらかな方で、つらいことや悲しいこと、それからうれしいことがございますと、誰よりも一番先に報告したいような、そんな気持ちにさせられる人でございます。

展開

紘子さんというと、楽しいエピソードがたくさんございまして、何からどのようにお話をしたら、彼女のお人柄の一面を表せるかわからないのですけれども、とにかく明るく、親切で友だちの誰からも慕われております。

会社に入社した時期や年齢はまちまちでございますし、課の違う人もいますが、いつしか気心のわかった者がグループを作り、よきにつけ悪しきにつけ、すぐ協力してしまう習慣が社内にはございました。

会社への出勤時間前に携帯電話でメールをし合って、一緒に休暇が取れるように日程を相談したり、退社後はカラオケに行ったり、映画を観に行ったり、旅行に出かけるのもいつも一緒、毎日毎日一緒にいて、よくも話がつきないものだと、ほかの人にあきれられるほどでございました。

気持ちが重くって、何かスッキリしないなと思う日は、いつも私たちのたまり場

POINT

会社での中心的存在であることを話すとともに、新婦のしおらしい一面のエピソードを添えて、ギャップを紹介するのもよいでしょう。

のようになっている近くのファミリー・レストランに行きます。そうすると、誰もいないと思いきや志を同じくする者が必ず2、3人テーブルを囲んで、雑談に花を咲かせているのです。そして、紘子さんがいないときには携帯電話で店に呼び出しては、私たちのグチを聞いてもらうのです。

それから、紘子さんには、非常に照れ屋の一面があるのです。ご主人になられる秋山さんに、初めてお会いしたときのことでございます。ちょうど私は紘子さんのお宅に遊びにうかがっていたのですが、秋山さんは仕事のことか何かで、急いでお出かけになるところでした。私も長居は無用と帰りかけますと、紘子さんが私を見送ってくださるのです。「秋山さんを送ってあげなくていいの?」と、さんざん冷やかして門を出ました。少し歩いて振り返ってみますと、紘子さんは私と反対方向に行かれた秋山さんの後ろ姿をじっと見送っているのです。

結び

紘子さんってユーモアのあることばかり言って他人を笑わせるくせに、自分の心情をおおっぴらに表現できないのです。それを言うときはわざとおどけて、ちゃかして笑い話にしてしまうのです。紘子さん、そういうサービス精神も結構ですが、後でそっと涙ぐむなんていうのは古くて流行りませんよ。これからは変なサービス精神など無用です。甘えて、すねて、大いに秋山さんを困らせてくださいね。

どうぞ末永くお幸せな結婚生活を!

新婦の趣味を軸として話をまとめる

大地に根を張った大輪の花を

つかみ

志保さん、素晴らしいご結婚おめでとうございます。

本日、初めて松田さんにお目にかかって、志保さんが４月に婚約なさってから半年間、どんなにこの日を待ちこがれておられたか、とてもよくわかるような気がいたします。**松田さんこそが、志保さんがいつも理想とされてきた男性像とピッタリ一致するからでございます。**

展開

「一人前の男性として立派に成長していながらも、どこか少年のような面影を残している人」というのが、志保さんの口ぐせでしたけれども、松田さんのやさしそうな、あたたかそうな中にも、はつらつとして若々しい感じをお見受けいたしまして、志保さんが夢中になるはずだと思ったのでございます。

私と志保さんとは同期入社で、入社初日に知り合ったのでございますが、志保さんはとても花がお好きで、生け花の草月流の免状をお持ちでいらっしゃいます。そのうちフラワーアレンジメントも習われて、もうすでに講師の資格をお取りになり、展覧会にも何度か出品なさって、その作品の素晴らしさはいつも評判の的でございます。

ですから今日《きょう》の結婚式でも、お花はすべてご自分で用意するとおっしゃって、ウエディングドレスのときにお持ちでしたブーケはもちろん、各テーブルに飾られたお花をはじめとして、この会場にあるすべてのお花は志保さんの手によるものでご

POINT

以前から新婦が口にしていた理想の男性像と、式場で見た新郎が違っていると感じても、口にださずさらりと流すのが礼儀です。

ざいます。

志保さんはまた、ただお花をお部屋に飾るというだけではなく、ご自宅のお庭に素晴らしい花壇をお作りになって、四季折々の花を、それは見事に咲かせていらっしゃいます。

松田さんとのご新居はマンションなので「お花作りができないのが残念だわ」と言っておられましたが、それでも、私たちが結婚祝いを差し上げるのに何がよいかとうかがいましたところ「とにかく鉢植えをいっぱいちょうだい。ベランダに置きたいの」とのことで、どんなときでも花を愛し、花に囲まれて暮したいとおっしゃる志保さんの面目躍如《めんもくやくじょ》だなあと思ったしだいです。

今日から家庭という大きな花を、長い時間をかけて育て、咲かせていかれるわけですね。ほかならぬ志保さんのことです。きっと誰よりも美しく、香りのよい、そして、しっかりと大地に根を張った大輪の花を咲かせることでしょう。

結び

新郎の松田さん、志保さんはお花が好きなだけでなく、ご自分がこうと決めたらそれこそテコでも動かないような強い芯をお持ちですが、それが彼女の素晴らしいところだと私は思います。どうぞ寛大なお心を持って、志保さんをあたたかく見守ってあげてください。

そしていつまでも、お幸せなご家庭を築いてください。

はじめにあだ名を切り出すと話しやすい

お料理上手な新婦の思い出の味

つかみ

美月さん、おめでとう。「美月さん」なんていうと、どうも誰かほかの人のことのようで感じがでませんので、私たち仲間うちで呼んでいる通り、あだ名で呼ばせていただきます。

ミツ、今日《きょう》はほんとうにきれい。いつもステキな洋服を着ているあなただけれども、今日はとりわけ美しくて、やっぱり結婚って女の人をきれいにするのだなあと、つくづくうらやましくなってしまいます。

展開

私たち皆で集まっては、誰がいちばん最初に結婚するのかしら、と話し合ったものでした。そのとき決まって「私がきっといちばん遅いわ」と言っていたのが、ミツだったのです。

それがなんといちばん最初にゴールイン。私たち一同は唖然《あぜん》として〝裏切り者〟なんて、彼女をつるしあげたのです。

でも、考えてみればそれも当然なこと。なぜなら、ミツは私などとは学生時代から格段の差がありまして、学術優秀、天才肌でしかも努力家タイプ。何をやらせてもこれが苦手ということがなく、意志堅固でしかも情にもろい面があり、後輩から慕われ、先輩に愛され、そのユーモアのセンスは常に仲間の人気の的でございました。

スポーツはもちろん万能。運動神経は抜群、統率力に秀《ひい》で、性格温厚、品行方正、

POINT
ほめ言葉を並べると嘘っぽくなりますが、長い付き合いならば笑顔で冗談っぽく言って、次のエピソードにつなげるとなごみます。

弟妹思いで親孝行、謹厳実直《きんげんじっちょく》、清廉潔白、公明正大、品質優秀……。ほめるのはこれぐらいにして……、あとは、お料理は抜群に上手なのです。

私とミツは、会社だけではなく高校のクラスメートでもあるわけなのですが、高校時代、家庭科の時間に何回か料理の実習がありました。そのときはミツが実に手際よく、皆に指示してくれたおかげで大成功でした。

それから忘れられないのは、コンブの佃煮のことです。ある実習のとき、煮物を作るのにコンブでおだしをとったんです。ほかの班はだしをとった後のコンブを捨ててしまったのですが、ミツはそれを細かく切って、おしょう油とお砂糖で甘辛く煮て佃煮にしたのです。とってもおいしくて、クラス全員がおすそ分けにあずかって、先生までも「おいしい、おいしい」って食べていました。

そんなふうに、あり合わせの材料でお料理するのがとても上手で、今でもミツの家に遊びに行くと、冷蔵庫を開けて、残り物でおいしいおかずやスープを手際よく作ってくれるのです。

結び

このような女性が、素晴らしい奥様になれないはずがありません。ミツの手料理をこれから毎日召しあがる翔平さんは、ほんとうにお幸せな方です。

でも、翔平さんにお願いです。新居にときどき遊びに行かせてくださいね。そしてミツの素晴らしいお料理を、私たちにも食べさせてください。

後輩ながら尊敬すべき点を語る

変わらぬ責任感と気配りで

つかみ

幸子さん、本日はほんとうにおめでとうございます。お二人の新しい門出を、心からお喜び申し上げます。

新婦の幸子さんとは、中学、高校を通じての先輩ということになるのですが、先輩と申しましても、たかだか2年早いというだけでございまして、今では会社の同僚でございますし、結婚に関しましては私が遅れをとりました。

悔しくて言うのではございませんが、しっかりした物の考え方、落ち着いた行動ということでは、幸子さんのほうが私よりずっと年上に思えたことが何度もございました。

展開

私は中学3年のとき、放送部に入っておりまして、新入生の歓迎会の後、部室に見学にこられた幸子さんを、私が懸命にくどき落として入部していただいたのです。

幸子さんは皆様もよくご承知かと存じますが、とてもお茶目でチャーミングな方でいらっしゃいますので、たちまち放送部の人気者になられ、上級生からも下級生からも幸子さん、幸子さんと慕われたものでございます。

本日、こうして美しい花嫁姿を拝見しておりますと、あのかわいらしいセーラー服の幸子さんが、まるでうそのように思われます。

放送部というのはクラブ活動の中でもちょっと特殊な存在で、学校のいろいろな行事、入学式や卒業式、運動会などには、かなり重要な役割を果たしますので、単

POINT

後輩に先を越された先輩は、嫌味にならないよう、先輩として後輩をほめるエピソードを選び、笑顔で話すことを心がけましょう。

に好きで集まっているだけではなく、それなりの責任といったものが要求されるわけです。

しかし、幸子さんは学校のそうした期待に十分に応えて、責任感ということでは立派に折り紙をつけられておりました。

会社の仕事でも、学生時代と変わらず責任をもって処理しておりましたので、課長は先輩の私よりも幸子さんの仕事っぷりにほれたと申しましょうか、よく仕事を手伝わされておりましたし、残業をするときには、私のみならず多くの課員たちに細かい気配りをしておりましたので、課員にもかわいがられておりました。

結び

これから先、雄介さんを助けて一家の主婦として、そしてまた何年か先にはお母さんとしていろいろ大変なこともおありかと思いますが、学生時代、またOL時代に身に付けた責任感と気配りを思い起こしてがんばってください。

茶目っ気の中にも強いものを内に秘めていらっしゃる幸子さんでしたら、きっとどんなことでも乗り越えて、素晴らしいご家庭をお築きになることでしょう。

皆様の尻馬に乗せていただいて、私なりに思いつくままをお話しいたしました。私のように独身には独身のよさがございますが、結婚すればまた独身とは違った素晴らしさがあると思います。

今日《きょう》のよき日をいつまでも忘れないで、お幸せになられるようお祈りいたします。

二人が偶然出会ったエピソードを語る

私が二人の運命のキューピッド

つかみ

亮さん、晴美さん、おめでとうございます。ちょうど今日《きょう》のようにさわやかで明るく、晴れやかなお二人を見ていると、喜びの気持ちでいっぱいです。

ほんの偶然からとはいえ、私がお二人のキューピッドの役目をすることになったことは、私にとってもほんとうにうれしいことで、今日ほどお酒がおいしく感じられることは、今までにもめったにございません。

展開

それでは、このご両人がどうして結ばれ、本日こうして華燭《かしょく》の典《てん》をあげられるようになったのかということを、簡単に皆様にお知らせいたしたいと存じます。

実は私事で恐縮ですが、私は大の釣り好きでございまして、会社の釣りサークルを仕切らせていただいております。亮君は仕事を理由になかなか参加してくれませんでしたが、そのうちに2度、3度、一緒に釣りへ出かけるようになり、亮君のさっぱりした、男らしい気性にすっかりほれ込んでしまったわけでございます。

ところで、新婦のお父様は、私の大学の恩師でございまして、私は以前から、美しい晴美さんに会いたい一心で、用事もないのに福井家に出入りしては新婦のお父様の仕事を手伝う、というよりも邪魔をしておりました。

ある日、亮君と二人で海釣りに出かけて帰る途中、立ち寄ったレストランで、偶然にも美晴さんとお会いしたわけでございます。考えてみれば、そこは晴美さんの家のすぐ近くで、お会いすることは不思議でも何でもなかったのです。その日はま

POINT

二人のキューピッドであっても、媒酌人でない以上は単なるチャンスメーカー。媒酌人のあいさつと混同しないように注意しましょう。

たどういうわけか釣りのほうも非常に収穫が多くございましたので、晴美さんにも分けてさし上げようということになりまして、亮君と二人で晴美さんの家に立ち寄ることになったのでございます。

そのときに、お二人の間にきっとビビッと電流が走ったのでございましょう。うかつにも私はそのときに、いっこうに気がつかなかったのでございますが、それからしばらくして、亮君から「実は晴美さんと交際したい。いや、もう付き合っているので了承してほしい」という申し出があったわけでございます。

私は何とも自分の愚鈍さにあきれ、またお二人のすばやい行動力に敬服したのでありますが、考えてみれば、こんなにお似合いのカップルもいないのではないかと思うようになりまして、さっそく晴美さんのお父様の耳にも入れて、見守らせていただいてまいりました。

結び

このたび、亮君は思いがけない穴場で、すばらしい獲物を釣り上げたわけでして、とにかく釣り仲間としてはご同慶のいたりと言うものの、うらやましさ半分というのが正直なところでしょうか。古来「釣った魚にエサはやらぬ」などと申しますが、釣り師と魚のほんとうの格闘はこれから始まるのかもしれません。亮君がはたしてどのような釣り師であるか、お手並み拝見というところでしょうが、私と晴美さんがほれた男です。言わずもがなでございましょう。

よく知るからこそ暴露話より長所を

誠実さこそ人生の勝利への道

つかみ

祐樹さん、仁子さん、本日は誠におめでとうございます。お二人の同僚の一人として、お祝いを申し上げます。

私は新郎、新婦のどちらとも親しくさせてもらっていますので、これまでお二人から、さんざんお熱いところを見せられたり、聞かされたりしてきました。そのたびに私も、と思ったことは何度もございましたが、どういうわけか良きパートナーとなる男性に恵まれず、今だに独身でございます。

そのために私のことを、陰でキャリアリストとささやいていることも存じております。確かに私は、一般女子社員と違って専門的な技能を持ち、ライフワークとして自立していますし、また、仕事では厳しい男性社員と対等に職務を遂行してはおりますが、私自身は、けっしてキャリアリストではなく、いずれ私も今日《きょう》のお二人のように、多くの方から祝福されるであろうことを期待している平凡な女でございます。ですので、この宴席の独身男性の方々、どうぞ〝お気軽に〟声をかけていただきたいと思っております。

展開

お話が横道にそれて、ごめんなさい。このおめでたい席で、お酒に少々酔ったようでございます。

ところで、祐樹さんは私が妹のようにかわいがっていた仁子さんをさらっていく〝憎いやつ〟でございますが、仁子さんが心の底から愛した人だそうですので、仁

POINT

基本的に自分のことを長々語るのはNGですが、出席者に同世代が多くカジュアルな披露宴なら、なごませるためのつかみであればOK。

子さんに免じて許して差し上げることにいたしましょう。

愛しい仁子さんと並んでいる今日の祐樹さんは、世界の幸せを独占したような、華やかなお顔をしておられますが、私が、彼の多くの優れた性格の中でも、とりわけ感心いたしておりますのは〝誠実さ〟でございます。口で言うのは簡単でございますが、実際に実行していくのには大変な努力がいります。生存競争のはげしい社会で、誠実ということは、ときにはマイナスになる場合もあるかもしれませんが、私は、誠実さこそ人生の勝利への道だと確信しております。

仁子さんはいつも「誠実でやさしい方」を理想の第一条件にあげていました。祐樹さんは仁子さんの第一条件を満たした方であったことから、一つのカップルが生まれたのでございます。このことは、お二人とも大切にしていっていただきたいと思います。

結び

それから、男性の方は結婚いたしましても、独身時代と同じように友人関係を持ち続けますが、女性は家庭を持ちますと、独身時代の友だちとのお付き合いが疎遠になりがちです。そういうことのないよう仁子さんに代わって、私から祐樹さんにお願いいたします。

何とももとりとめのないことばかり申し上げましたが、友人としてのお願いでもって、あいさつを終わらせていただきます。

冗談を交え仲の良さをうかがわせる話に

“あこがれの的”を奪った親友へ

つかみ

ご両人、おめでとうございます。こうして眺めてみますと、なるほど似合いのカップルだと、今さらながらに感じ、誠にうらやましいかぎりでございます。

私は新郎の飯野君とは中学時代からの友人で、現在も同じ会社の同僚として付き合っていますが、知り合ってからも15年もたちます。ですから、彼の良いところも、悪いところも十分に知っているつもりでした。

〝でした〟と申し上げたのは、ご両人がこうして結婚されることを井口君から聞くまで知らなかったからです。

一方、新婦の梨花さんとは3年間、同じ課で机を並べていたのですが、私はうかつにも飯野君と愛し合っている仲とは知らず、ひそかにあこがれを持っておりました。いや、私だけではなく、同じ課の独身男性全員。と言っても、3人しか残っておりませんが……。

展開

とにかく、花嫁が私たちのあこがれの的、梨花さんだと飯野君から聞いたときには、ねたましいやら悔しいやら。「あいつ、おれと長い間付き合っていながら、ひとこともしゃべらず、結婚式が決まってから聞かせるとは……」と、私たちは一晩飲み明かしたのです。

そんなことですから、ご両人が結婚するにいたったいきさつは、どなたかにこの席でばらしていただきたいと思っています。

POINT

“あこがれの的”を奪った友だちだとしても、根を残さないのが親友というもの。冗談交じりの皮肉程度で二人の幸せを願うあいさつに。

それはそれとして、飯野君は、司会者様のお話にもございましたように、将来のホープと嘱望されている前途有望な青年でありますが、けっして仕事ばかりの堅苦しい青年ではなく、硬式テニスの公認指導員として、現在も休日には後輩の指導にあたり、後輩たちからもおおいに慕われています。

新婦の梨花さんも職務上、塗料調色技能士、手持ちの原色塗料を調合して、色見本と同じ色を持つ塗料に仕立てる技能士の国家資格を持っているほか、卓球の二級審判員の資格を有している女性でございます。

このように、仕事ばかりでなくスポーツ面にも明るいお二人のことですから、テニスや卓球を楽しみながら、これからの世の荒波を乗り越えて、洋々たる前途を開いていかれることはいささかの疑いもございませんが、これからの人生の間には、なおいろいろな困難もあろうかと存じます。しかし、長い間付き合ってきた私にも相談なしで結婚したほどのご両人ですから、これから先もうまくやっていくことでしょう。

結び

前途あるご両人が、相たずさえて人生の門出をするにあたりまして、お二人の幸多い将来をお祝いいたしますとともに、末永く、お互いが深い愛情を持ち続けて、幸せな夫婦となられますよう、そのためにも今日の感激を、いつまでも大切にしてくださるよう念願いたします。

障害の内容より今後への励ましを主に

多くの障害を乗り越えた二人に

つかみ

和則君、実里さん、結婚おめでとうございます。私は、お二人の同僚としてこの席に参加し、あいさつを述べる機会を得ましたことを、無上の光栄と思っています。

私が和則君と知り合ったのは、同じ部署で仕事をするようになった3年前からでございますが、実里さんは私の高校時代からの友人、義郎君の妹さんで、私はひそかに、こういう人を将来お嫁さんに……と思ったものです。何かの行き違いで、新郎の和則君と結ばれることになったわけで、私にとっては、うらやましさ半分、ねたましさ半分といった気持ちです。

展開

にもかかわらず、私はあいさつできることを無上の光栄と思っていると申しましたのは、実里さんのお兄さんから、今日《こんにち》までの新婦のご努力を聞かされたからです。

実を申しますと、世の中には、親のエゴから息子または娘を政略結婚など、押し付けられた結婚をして、何とかならないかと悩みながら、子どもができたからしょうがないと、あきらめている人々もたくさんいるわけですから、私は、結婚そのものは、それほどおめでたいなどとは思いません。

自分のことを申して恐縮でございますが、私は親の七光りで、結婚ではないものの会社に入れられそうになったことがございます。私は自分の力で自分の道を切り開くという信念を持っていましたので、親とケンカして家を出ましたが、今も父には勘当、親子の縁を切られた状態ですが、母とはときどき内緒で会っています。

POINT

自分の話を引き合いに出すときには、深刻になりすぎないようにさらりとまとめます。あくまでも中心は新郎新婦の話にしましょう。

そんなわけで、形式的な結婚式に出ると、何と言ってお祝いをしてよいのか、私は、ほんとうにとまどってしまうのです。

しかし、実里さんのお兄さんの話によりますと、もう数年も前からお互いに心と心で結ばれて、その間、いろいろな障害を二人で力を合わせて乗り越え、今日《きょう》のゴールインになったのだということをお聞きしまして、これは心の底からおめでたいと思いました。

人間が、自分の心で相手を選び、自分たちの力で、結婚という環境を作っていったという事実は、何ものにも代えがたく尊いことだと思うのです。

日本国憲法第二十四条に「婚姻は、両性の同意に基づいて成立し、夫婦が同等の権利を有することを基本として、相互の協力により維持されなければならない」とあり、さらに「法律は、個人の尊厳と両性の本質的平等に立脚して、判定されなければならない」と結んでいます。

結び

和則君、君とは3年間同じ職場で働いていますから、君の将来が希望に満ちていることは知っています。しかし人生、どんなことが起こるかわかりません。また、和則君を愛し、いろいろな障害を乗り越えてきた実里さん、これからも険しい人生を歩まなければならないかもしれませんが、力を合わせ、助け合いながら、強い意志と健康で幸福な家庭を築いてください。

自分さながらにうれしい気持ちを伝える

今後も喜び悲しみを分け合って

つかみ

安東君、深雪さん、結婚おめでとうございます。

ご存じのことと思いますが、僕たち3人は年齢こそ違いますが、同じ工場で働いている同僚であり、また、同級生でもあります。

と申しますのは、僕は高校を卒業して、ある製作工場に勤めました。しかし学歴《がくれき》偏重《へんちょう》のその製作工場では、高卒の私は軽視されたような態度で接せられ、短気な僕はカッとなり、ケンカをして辞め、現在の工場で働くようになったのです。ここは前と違って、年齢、学歴に関係なくなごやかで、僕もすぐに慣れ、ケンカもせずに働いております。

展開

1カ月も過ぎたころのことでございます。安東君と深雪さんは高校を卒業して入社し、昼間働いて、夜は大学生として勉強していることを知りました。

ある日、二人と話す機会がありましたので、いろいろ聞いてみました。二人とも目的を持ってがんばっていたのです。将来への目的意識もなく、とりあえず高校を卒業しただけで、なんとなく就職していた僕が甘かったことに、遅まきながら気づき、劣等感を抱きました。そこから再び学校に行く決心をして、安東君と深雪さんが通う大学の夜間部を受験しました。

2年前に入学したときは、僕はただただ仕事と勉強とを両立させることで頭がいっぱいでした。高卒で学歴のないくやしさに、このまま絶対卒業してみせると気

POINT

同僚であり大学をともにした仲間であり、喜びも悲しみも分かち合ってきた友人ならば、やはりその話をするのがベターでしょう。

負い込んで入学した学校でしたが、仕事でどうしようもなく疲れたときなど、何度もくじけそうになったものです。そのとき、僕同様に疲れている安東君、または深雪さんに励まされ、何とか重い足を引きずりながら学校まで行き、同級生に会えたときのうれしさ。ああ、やっぱり来てよかったと心の底から思えました。昨年、僕が卒業証書を手にしたとき、二人は自分のことのように泣いて喜んでくれました。

僕たちにとって、学校はすべてといってもオーバーではないほどの存在であり、安東君、深雪さんの二人は、僕にとっては同じ大学で学んだ仲間であり、同じ工場の同僚としても大切な親友でございます。

そういう工場でめぐり合い、ともに励まし合って卒業した安東君と深雪さんを、ほんとうにうらやましく思います。安東君と深雪さんが愛し合っているのは、1年ほど前から気付いていましたが、僕はどうか実らせてほしいとひそかに願っていました。僕たちの工場、学校の素晴らしさは、その中にいたもの同士がいちばんよく理解できますし、喜びも悲しみも分け合ってきた僕たちの象徴のような気がしたからなのです。

結び

僕は今、君たちの結婚を自分のことのように喜び、興奮しています。願わくば、これから先もお互いに励まし合い、助け合って、人生の荒波を乗り切っていく仲間でいてください。

ご両親にも喜びとねぎらいを添える

協力して困難を乗り越えて

つかみ

康介さん、真央さん、おめでとうございます。本日は、人生最大の慶事でございます結婚のご披露の席にお招きをいただき、しかも、このような丁重なおもてなしを賜りまして、誠にありがとうございます。

お二人の共通の同僚を代表して、お祝いのことばを述べよとのご指名をいただきましたので、僭越《せんえつ》ではございますが、ひとことお喜びを述べさせていただきます。

展開

人間は他の動物と違って、自分の眼や心で相手を選び、結婚後は自分たちの力で、自分たちのための家庭作りを努力します。

ここにいらっしゃる新郎、新婦のご両親をはじめ、皆様方のご両親は言うにおよばず、私の両親を見ましても、現在にいたるまでには多くの難問、障害が少なからずあったと思います。そのたびに協力し合い、助け合い、難問、障害を乗り越えてこられ、現在にいたっておられるはずでございます。そういうことは口には出しませんが、私は両親と同じ家に住み、毎日顔を合わせ、ことばを交わしているうちに、自然とわかって参りました。こうした両親の努力は、何ものにも代えがたい、尊いことだと思うのです。

お二人は今日《きょう》から新しい家庭作りをされるわけでございますが、ここにいたるまでにはいろいろな困難があったことを、そして、それをお二人は強い愛情をもって乗り越えてこられたことを私は知っておりますから、康介さんと真央さんの晴れ姿を見たとき、涙が流れてなりませんでした。

今日《こんにち》からのちも、平穏な日ばかりが続くとはかぎりません。雨の日、風の日、嵐の日もございましょう。そのときは、今日《きょう》の感激を思い起こしていただいて、自分の心で、自分の眼でこの人を妻に、または夫に決めたのだから……と、考えていただきたいのでございます。男の人に言わせますと、「古い女房と畳は新しいのに取り替えたい」という気が起こることもあるそうですが、「糟糠《そうこう》の妻は堂より下《くだ》さず」という諺《ことわざ》もございます。貧しい生活をともにしてきた妻を、夫が立身出世した後も大切に扱って、家から追い出したりはしないという意味でございます。

結び

POINT

二人の熱い思いと決意を紹介し、ことわざなどをスパイスとして使いながらも自分のことばで二人への祝福を述べましょう。

私がこんなお話をするまでもなく、お二人は十分ご承知でございましょう。私もまた、康介さんが私に「僕は真央さんが好きだ。今初めて、ほんとうの恋をしている」と語ったこと、そして真央さんが康介さんの人間性を信じ、愛して、どんな苦労もいとわず、康介さんとともに笑いながら険しい人生を歩んで行くという固い決意をもっていることを、忘れはいたしません。どうぞ康介さん、真央さん、末永くお幸せに。

また、ご列席の皆様方も、この二人がこれから築いていかれる人生を、あたたかい心で見守ってあげてください。

これをもちまして、お祝いのことばとさせていただきます。

本書は当社「上司・同僚のスピーチ」（2014年5月発行）を再編集し、書名・価格を変更したものです。

■ 編集協力　木村 亜紀子
■ デザイン　佐藤 恵美／浮谷 佳織（CROSS POINT）
■ DTP　横山 麦子（エヌ・オフィス）
■ イラスト　森下 えみこ

上司・同僚のウエディングスピーチ

編　　集　つちや書店編集部
発 行 者　櫻井 英一
発 行 所　株式会社滋慶出版／つちや書店
〒100-0014 東京都千代田区永田町2-4-11-4F
TEL.03-6205-7865　FAX.03-3593-2088
MAIL shop@tuchiyago.co.jp
印刷・製本　日経印刷株式会社